# 東京ジャズメモリー

シュート・アロー
SHOOT Arrow

文芸社文庫

# 目次

1 手探り、足探りのハード・ドライビング／渋谷　BLAKEY……5
2 スイング行かなきゃ意味がない／渋谷　SWING……22
3 いかがわしい街、自由が丘のジャズ喫茶／自由が丘　ALFIE……37
4 ストリップ劇場に惹かれてジャズ喫茶詣で
／新丸子　ルート・マイナス・アール……57
5 村上春樹氏とチェシャ猫／千駄ヶ谷　Peter-cat……71
6 魔力を持ったスタジアム／田園コロシアム……85
7 バイトとジャズの日々／六本木　Ballantine's……102
8 マイルスの真骨頂、空白の五分間／新宿西口広場……118
9 スノッブな大人の隠れ家／六本木　MISTY……138
10 かつて美人喫茶と呼ばれたジャズ喫茶／下北沢　マサコ……148
11 クリームソーダとエルヴィン・ジョーンズ／神保町　響……156
12 エロール・ガーナーはすごい美人!?／学芸大学駅　A-TRAIN……167
13 世界一ベースのうまいとんかつ屋／学芸大学駅　かつよし……177

14　割烹料理屋でネイザン・イースト　ベースを弾く／銀座　いけ田……185
15　〈文庫版書き下ろし〉アクシデントもライブの醍醐味
　／「NICE SHOT!　渡辺貞夫リサイタル」……196
あとがき……203
あとがきのあとに……。……215
解説　神保　彰……218

# 1　手探り、足探りのハード・ドライビング／渋谷　BLAKEY

BLAKEYは一九七七年頃に開店し、一九八二年四月に閉店した渋谷のジャズ喫茶だ。個人的には思い入れが深く大好きな店であったが、営業期間が五年足らずと比較的短期であったこと、そして場所が道玄坂の大通りから、かなり奥まっていてわかりづらかったこともあり、一般的にはあまり知られていなかったようだ。

僕が初めてBLAKEYを訪れたのは一九八一年四月で、大学に入学しモダン・ジャズ・ソサエティ、通称・ジャズ研に入部してからだ。よって、この店の最後の一年を見届けたことになる。

中学でロックバンドを組み、高校に入学してからはフュージョン・ミュージック（当時はクロスオーバーと呼ばれていた）に入れ込み、そして高二からジャズピアノを習い始めた僕にとってジャズ研への入部はごく自然な流れだった。

入部早々の晴れた日の午後、クラブの先輩に「いいジャズ喫茶がある」と、ほかの新入部員二、三名と一緒に有無を言わさず授業をサボらされて、というかサボって訪れたのがBLAKEYとの最初の出会いだ。

BLAKEYが営業していた場所は、渋谷駅ハチ公口から道玄坂を上っていき、途中右折し百軒店(ひゃっけんだな)のゲートをくぐる。そして三〇メートルほど坂を上ったあと左折。一九五一年創業のカレー屋・ムルギーを右に見ながら直進し、閉店した老舗ジャズ喫茶音楽館の角を右折。さらに狭い道路を二〇メートルほど歩いた先の昭和三〇年~四〇年代前半に建てられたと推測されるひなびた二階建てビルの二階だ。

店の前の道路は人通りが少なく寂れているものの、百軒店のゲートを越えると多数の風俗店が昼間からにぎにぎしいネオンサインを撒き散らし、一時閉店したが復活を遂げたストリップの道頓堀劇場も鎮座。もう少し坂を上れば円山町のラブホテル街といった、非常に〝環境のよい〟ディープなエリアだ。

店への階段は狭く急勾配、さらに落書きなどで汚く、ジャズファンでさえ知らないと入るのにちょっと躊躇する雰囲気。僕ら新入部員は若干の不安を感じつつ階段を上り、木製の重い扉を開け店内に入ると、まずその暗さに驚かされた。

扉を閉めて外部からの光を遮断してしまうと、大袈裟ではなく真っ暗でほとんど何も見えないのだ。一般に暗いとされる占いの館や、遊園地のお化け屋敷よりも暗い。

僕は高校生時代から渋谷・SWING、GENIUS、自由が丘・ALFIE、新宿・DIGなど、ジャズ喫茶は何軒か訪れたことはあるので、ジャズ喫茶の店内が暗いのはある程度経験済みで、心づもり、覚悟、免疫ができていたはずだが、BLAKEYの暗さは特別というより、真っ暗。闇に近いのだ。それこそ中で怪しい儀式を執り行っている宗教施設と疑われてもやむを得ない。ここまで暗いにもかかわらず「非常口」の緑色のサインもあったという記憶もないのだが、消防法とかで問題にならなかったのであろうか。絶対に女性ひとりでは入店できない。

照明を落とすと音楽に対する集中力が増すので店内を暗くしているというのは理解できなくはないが、いくらなんでも暗すぎだと思った。ちなみにその後の人生も含めて僕はジャズ喫茶という範疇だけではなくBLAKEYより店内が暗い店に遭遇したことがない。

店内に足を踏み入れると当時のジャズ喫茶のお約束、ジャズの爆音と共にかすかなコーヒーの香り、そしてモウモウとしたタバコの煙だ。コーヒーの香りはさておき、当時はジャズ喫茶に限らず飲食店のテーブルには灰皿が必需品として置かれ、タバコを吸うことに関しなんの遠慮・躊躇を必要としない、喫煙者にとっては天国、古きよき時代だ。もちろん受動喫煙とか副流煙なんていう言葉さえ存在しない。特にジャズ喫茶内喫煙者率はほぼ一〇〇%。BLAKEYとて、もちろん例外ではない。店内は狭く、しかも換気もよくなかっただろうから、相当曇って視界が悪かったはず。現在はタバコを全く吸わず、新幹線の喫煙ブースの横を通過するのも苦痛な僕にとっては耐えられない煙のレベルであったに違いない。

目が慣れるまで暗くて何も見えないにもかかわらず、マスターが席まで誘導するというごく当たり前な行為も一切なかったので、一応客であるはずの僕らは中腰で自ら手探り・足探り？　で、空いている席にたどりつかねばならなかった。

なんとか着席し気がつくと、すでに横にはボサボサの長髪で無精ひげをはやし、丸眼鏡をかけた小太りのマスターが懐中電灯片手に立っている。彼が懐中電灯の光が広がらないよう手でかざしつつ黙って手元のメニューを照らすので、指さしでオーダーをするのだ。もちろん声を発してはいけない。暗闇の中で懐中電灯を持ったマスターをそっと見上げると、無表情でまるでホラー映画の一場面のようだ。暗闇、ジャズの爆音、充満するタバコの煙、何が起こっても不思議ではない。

確かコーヒーが三〇〇円と当時のジャズ喫茶としては安く、それが何回も通うことになった理由のひとつでもあった。ほかにもメニューはあったはずなのだが、まだ〝いたいけ〟だった僕は落ち着いてメニューを見る余裕も勇気もなく、いつも黙って一番上に書かれていたコーヒーという文字を指さすのであった。

BLAKEYは本格派ジャズ喫茶としては珍しく朝九時半に開店。一一時半までオーダー可能だったモーニングセットがあり、黒スグリの紅茶なるものが名物ということを友人から聞いたのは、閉店後、大部時間が経過してからであった。しかし、ジャズ喫茶に何故黒スグリの紅茶？　永遠の謎だ。

また店内でうっかり声を出そうものなら、マスターが音もなく、そして驚くほど素早く駆け寄ってきて、耳元に顔を近づけつつ口に人さし指をあてて、「シー！」というお叱りを受けるのだ。

丸眼鏡の奥の細い目が怒っている。これも恐い。

しばらくしてやっと暗がりに目が慣れてきて周囲を見渡すと、たぶん一〇席ほどのうなぎの寝床のような細長い店であることが何となくわかる。そこには一人用と二人用のすでに全くクッションが利かない黒いソファ風椅子と、小さなテーブルが正面の大きなスピーカーに向かって何列か置かれていたが、左側のスピーカー対面の壁際に一人用の席があり、そこが僕のお気に入りとなった。

店内のところどころに客の気配、人影を感じるのだが、基本的にほとんど動かず石のように固まっている。その人影付近を凝視していると、ときどきタバコの火がぼんやりと暗闇の中を浮遊するのだ。

僕はこの店に足を一歩踏み入れた瞬間、店内の暗さとは別にほかのジャズ喫茶では体験したことがない、外部の世界から完全に隔離された別空間に吸い込まれるような不思議な感じがした。どこがどう違うかを説明するのが難しいが、単に暗くタバコの煙が充満しているというだけでなく、空気の質が明らかに外部とは異なるのだ。

さらに隣席の客の顔さえ判別不可能な状況の下、しばらくの間大音量で全身に襲いかかってくるジャズに身をまかせると、思考回路は完全に停止。そして自分自身と関係するモノ全てを拒絶した小宇宙へトリップし、自分が遊泳しているかのように感じる。それと同時に、最初は騒音としか聴こえなかった爆音ジャズから何かを見出そう、聴きだそうとしているもうひとりの自分を発見する。そしてこの極めて閉鎖的な空間での遊泳は、母親の胎内にいた時の記憶を呼び起こされるのか、なんともいえず居心地がいいのだ。

僕はこの空間でエリック・ドルフィー、アルバート・アイラー、チコ・ハミルトンといったジャズアーティストを知り、ダラー・ブランドの「アフリカン・ピアノ」やジャック・ディジョネットの「バユー・フィーバー」「ヨーロッパ・コンサート」などのアルバムがお気に入りとなった。

さらにこの別空間における遊泳中に初めてジャズを聴きながら笑う、笑うしかない、ということも知ったのだ。

また、入り口の扉には「談話禁止」と書かれた貼り紙以外に、「異性と〝いちゃいちゃ〟禁止」と書かれた紙も貼られていた。渋谷円山町のホテル街に隣接し、しかも真っ暗であったがゆえに店内で〝そのようなこと〟を目的に間違って？　入店するフトドキ者がいたのであろうか。連れ込むほうも連れ込むほうだが、連れ込まれた女性がBLAKEYに対しどのような印象を持ったのかが興味深い。しかし日本広しといえども、そのような貼り紙があったジャズ喫茶はBLAKEYくらいではなかろうか。

何はともあれ、ある意味BLAKEYになじめるかどうかが、大学のジャズ研というややもすればカルトな集団に溶け込めるかどうかの踏み絵であったのかもしれない。


最近、ヤフオクでジャズ批評別冊「ジャズ日本列島55年版」を入手。この雑誌は一九八〇年に営業していた全国のジャズ喫茶を紹介しているのだが、BLAKEYも掲載されている。しかも住所やオーディオ装置、コーヒーの値段といった店舗情報のみならず、なんと当時、客の誰しもが知りえなかった店内の様子をあからさまに暴露している貴重な写真も掲載されていたのだ。

もちろん真っ暗闇で識別不能な写真ではなく、照明がついていて店内の状態がわかるモノだ。当然営業時間中ではありえないので、ほかのジャズ喫茶の店内写真とは異なり客はひとりも写っていない。

普通、昔の写真を見ると懐かしさが込み上げてくるものであるが、BLAKEYの場合は店内が暗くて何も見えなかったため、むしろ新たな発見により新鮮な感動が湧き起こるという不思議な体験をすることとなった。

写真でもお世辞にもきれいとは言えない店内には、意味不明なロープが天井に向

BLAKEY店内写真／ジャズ批評別冊　『ジャズ日本列島55年版』より

かって数本ずつ張られている。これはいったい、なんなのであろうか。暗くて見えないにもかかわらずポスターやカレンダーが壁に掛けられ、怪しげなコケシがスピーカー脇に置かれている。これらがどのような意図を持っているのか、今となっては黒スグリの紅茶同様に永遠の謎だ。また写真右には、当時は気づかなかったがカウンター席らしきモノも見受けられるなど、自分にとってこの写真の発見は歴史的快挙なのだ。

BLAKEYのマッチはブックタイプ。デザインは黒をベースに〝HARD DRIVING BLAKEY〟と白抜きで書かれている文字の上に、トランペットをブローしているジャズマンのシンプルなイラストが小さく描かれている。

店名の由来は恐らくアート・ブレイキーからであろうが、描かれているのはドラマーではなくトランペッターだ。しかし、この孤高のトランペッターのジャズマンこそがHARD DRIVINGというメッセージと共にBLAKEYのジャズへのかたくなな姿勢を感じるのは僕だけであろうか……。

毎年一二月にはジャズ研の定期コンサートを渋谷で開催していたが、そのプログラムに一枠三千円の広告出稿をお願いしにBLAKEYを訪問したことがある。

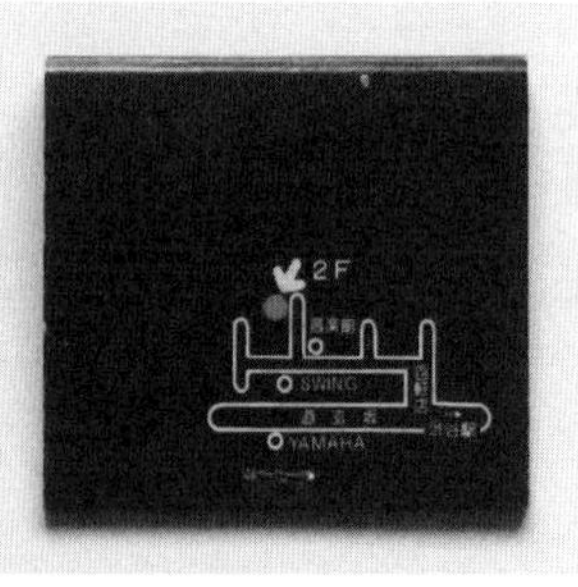


BLAKEYのマッチ（表・裏）

「広告？　とてもそれどころではない！」といった感じでけんもほろろに断られたのだが、そもそも儲かっていそうもないジャズ喫茶へ広告を取りに行くこと自体が若気の至りであった。ちなみにその時、渋谷ではジャズバーのGENIUS 2とジャズパブのSon-In-Lawが広告出稿を快諾してくれた。

そして、広告出稿の件で訪問してからおよそ四ヶ月後の一九八二年四月、BLAKEYを訪れると入り口は鍵で固く閉ざされており、扉には「閉店しました」としか書かれていないシンプルな貼り紙が。

本当に広告どころではなかったようだ。孤高のトランペッターは、HARD DRIVINGをすることに力尽きてしまった。駅から少し遠い奥まった通りに面した狭い店だったので、渋谷のわりに家賃は安かったであろうが、少ない客数、客の長時間滞在、新譜レコードの購入、そして安いコーヒー。これではたとえ長時間営業をしても儲かるわけがない。むしろ、よく五年間近くも店が持ったというのが正直な感想だ。店内が真っ暗だったのは電気代を節約するため、ではないと思うが。

二〇一二年七月時点で、かつてBLAKEYがHARD DRIVINGしていた建物はますます古ぼけて頼りなくなっているものの、バブル期にも地上げされずいまだに同じ場所に奇跡的に残っており、二階にはちょっと怪しげな事務所が入居している。しかしいったいこの建物は築何年になるのであろうか。

また不思議なことにこの近辺は渋谷でありながら、こじゃれたビルもなく、店こそかなり入れ替わったもののその界隈の街並み、たたずまい、風情はタイムスリップしたかのようにBLAKEYが営業していた三〇年以上前の一九八〇年頃とあまり変わっていないように思う。ふと気づくとまだ二〇歳かそこらの自分自身が、数メートル先を歩いていそうな気さえする。

昭和三〇年代、四〇年代において渋谷の道玄坂小路から百軒店にかけての狭いエリアには、オスカー、ありんこ、BLACK HAWK、デュエット、SWING、音楽館、GENIUS、ミンガス等、多くのジャズ喫茶が軒を連ねていたというか密集していたという。オスカー、ありんこなど、名前しか知らない店も多い。しかしその後、それらの店は閉店、もしくは移転してしまい、現在百軒店界隈で昼間から営業しているジャズ喫茶は一軒もなくなってしまった。

百軒店のジャズの店という意味では、道頓堀劇場向かいの雑居ビル内一階奥に昭和五五年頃からひっそりと店を構えているジャズバーCURIOが健在であるのが唯一の救い。この店は夜のみの営業でアナログレコードをかけているのだが、昭和の香り溢れるいい味を出しており、おすすめだ。

渋谷エリアの現存するジャズ喫茶は、Mary JaneとJBSの二店があげられる。

BLAKEYが入居していた建物／ 2012年7月撮影

Mary Janeは渋谷駅南口桜ヶ丘に位置し、一九七二年オープンという長い歴史を持つ老舗。かつてはフリージャズ専門店としてジャズファンの間では有名であったが、今やお洒落なジャズカフェに進化したようだ。ちなみにオフィシャルサイトでジャズカフェと自らを紹介している。

JBSは、道玄坂マークシティ近くのビルの二階で営業している、内装が山小屋風でこだわりのコーヒーを出しているジャズ喫茶だ。二一世紀になってからオープンしたまだ新しい店なのだが、きちんと店のマッチがあるのがうれしい。また、そのマッチによるとJBSは、〝Jazz, Blues, Soul〟の略とのことでジャズ喫茶であるとは謳っていないが、基本的にいつもジャズがかかっているようだ。店名を何故JBSとしたのかを次回訪問時、こそっとマスターに訊いてみたい。

百軒店界隈のジャズ喫茶は皆無となってしまったものの、老舗ロック喫茶B.Y.G.は四〇年以上、僕は入店したことがないが名曲喫茶・ライオンに至ってはなんと八〇年以上同じ場所で頑張って営業をしているという。これは冗談抜きでまさに天然記念物、文化遺産、国宝モノ。あとビルこそ建て替えたものの、もやし麺のおいしい喜楽がラーメンの名店として現役なのは喜ばしいことだ。

一方、メニューが餃子と焼きそばだけの店・大芽園のおやじが昼過ぎから餃子の皮をこねる姿が見られなくなり、フレッシュマンベーカリーの菓子パンが買えず、道玄坂小路の路地をさらに奥へ入ったところにあった闇市風掘っ立て小屋の格安洋装店・さかえやが地上げされ立ち退くなど、昭和三〇年代、四〇年代の渋谷の面影を残す店が減り本当に寂しくなってきた。

B.Y.G.とライオンはカレー屋・ムルギーと共に古きよき昭和の時代を伝える最後の砦として今後もずっと頑張って営業を続けて欲しい。間違ってもファストフードのチェーン店に商売換えするのは勘弁して欲しいと切に願うのだ。

僕は当時の渋谷への思いを馳せると共に、「ひょっとしたらBLAKEYのような異次元感覚のジャズ喫茶がオープンしているのではないか」という実現するはずのない甘い期待と、BLAKEYのビルがまだ存在しているのか、存在しているのならどのようになっているのかが気になり、夕暮れ時にわざわざその界隈を散歩することがある。

二〇〇九年夏には有名女優・歌手の覚せい剤事件においてBLAKEYのビルが逮捕現場のすぐ傍であったため、よくその近辺がテレビで中継され、行き交う人が急に多くなったような気がしたが、しばらくするとすっかり落ち着き、無事、以前のさびれた裏通りに戻ったようだ。

▼二〇二一年二月　追記

文章中で紹介しているCURIOは二〇一六年に、Mary Janeは二〇一八年に残念ながら閉店。

渋谷は駅前を中心に再開発で激変したにもかかわらず、二〇一二年七月撮影時から八年あまりが経過した二〇二一年二月となっても、かつてBLAKEYが営業していたビルはますます朽ちているが現存している。一階の焼鳥屋は看板こそ残っているが、お店は営業していない模様。また、界隈の寂れた風情も変わらず、いまだに昭和の香りが漂っている。

BLAKEYが入居していた建物／ 2021年２月撮影

## 2　スイング行かなきゃ意味がない／渋谷　SWING

突然だが、魅力的な街の条件とはなんだろうか。
僕の個人的な意見は、
•最近オープンした新しい店だけでなく、戦後間もない頃から営業しているような歴史ある店も含め、種々雑多な店が混在していること
•道が入り組んで複雑かつ路地もあり〝迷子〟になれること
•感覚的なことであるが、独特な匂い・臭いがあること
なのだ。ほかにもポイントは多数あるのだが、僕は以上三点が特に重要であると思っている。
これらの個人的な観点からすると、いくら大型であってもショッピングモールはNG。もちろん無味無臭なお台場なんかはもう完全にアウトだ。
東京都内では渋谷、下北沢、吉祥寺、さらに渋いところで神楽坂は合格。新宿、浅草、自由が丘、六本木は補欠合格。上野、中野はあと一歩といったところか。

特に渋谷、下北沢、神楽坂は土地そのものが起伏に富んでいることから、歩いていて意外性があり、僕自身の個人的な評価は最高ランクだ。

　その中でも渋谷は、昭和三〇年代後半に目黒区のサラリーマン家庭に生まれ育った僕にとっては、もの心ついた頃から身近な街であると共に特別な街だ。

　渋谷へは自宅近くの駅から東急東横線にほんの一〇分足らず乗っただけで行くことができるのだが、渋谷駅を一歩出ると、そこはもう自分の日常生活とは異なったエネルギーが満ちているように感じられる。

「渋谷は若者の街だから……」などと敬遠する年配男性も多いが、僕はいい年となった今でも何かにつけ楽しい気分で昼夜を問わず渋谷の街に飛び込み、徘徊している。

　ところで、僕が記憶している僕自身の〝渋谷デビュー〟は、おそらく小学校入学前の一九六六年頃で、二つの体験が印象に残っている。

　当時の渋谷には言うまでもなく１０９（一九七九年オープン）なんていうコギャルの聖地はもちろんのこと、パルコ（一九七二年オープン）、西武デパート（一九六八年オープン）でさえまだ存在していない。ちなみに公園通りという名称は一九七二年にパルコ渋谷店のオープンに合わせ命名され、それ以前は区役所通りと呼ばれていたのだ。大学生の時は地元出身ぶって地方出身者に対し公園通りと言わずに、あえて区役所通りなんて言った厭味なことをした覚えがある。今思い返すと結構性格悪いかもしれない。スペイン坂となると、当時なんと呼ばれ、いったいどういった状況であったか想像もつかない。

そんな渋谷イコール若者の街といったイメージがまだなかった頃、僕の〝渋谷デビュー〟第一弾は、ありきたりだが両親と行った東急デパート東横店の最上階にあった大食堂でお子様ランチを食べたことだ。そのお子様ランチの美味しさもさることながら、食事をしつつ窓から渋谷の街を眺めたことが特に印象に残っている。当時東京で高いところから景色を眺めるという経験は、一九五九年竣工の東京タワーの展望台か、デパートの屋上・食堂からしかできなかった時代だ。新宿の高層ビル街はもちろん、霞が関ビルでさえまだ存在していない。しかも、現在とは異なり周囲にまだ高いビルは少なく、　○階程度でもかなり遠くまで見渡せた。当時のデパートはある意味子供にとって最高のエンターテインメント施設で、そのメインイベントが大食堂での特別な食事だ。日曜日の昼時ともなれば大食堂は、とにかく多くの家族連れでごったがえしていた。当時の大食堂は和洋中なんでも食べられる現在のファミリー・レストランみたいなものだったが、スタッフが客を誘導するようなシステムはなく、客は切符のような食券を入り口で買ったあと、勝手に食堂内をうろうろして、空いている席を探すのだ。混雑していれば、食事中に別の家族が食べ終わるのを傍らでじっと立って待っているというのも当たり前の光景だった。やっと席を確保しても、自分と同じ年頃のお腹をすかしている子供が横でじっと待っているのは、幼い子供にとってもさすがに居心地が悪く、本当はもっと景色を楽しみつつ、ゆっくり食事をしたかったのだが、せかせか食べると早々に大食堂をあとにしたものだ。

そしてもうひとつの渋谷デビュー体験は、たぶんデパートでの食事と同じ頃、父親に連れられてまだ闇市の名残があった恋文横丁に行ったことだ。街歩きをしたという意味では、こちらが僕にとって本当の渋谷デビューと言えるかもしれない。

恋文横丁は現在１０９のビルが建っているあたりで、昔は渋谷三角地帯と呼ばれていたエリアだ。そのちょっとロマンチックな名前の由来は朝鮮戦争後の一九五〇年頃、米兵とつきあっていた日本人女性が連絡を取るための英文による手紙の代筆屋が軒を連ねていたことによる。今でも小さな「恋文横丁　此処にありき」と書かれた木製の碑が、渋谷ギャルが多数行き交う東急本店通り１０９の歩道脇にひっそりとたたずんでいる（二〇二一年追記：恋文横丁の碑は、二〇一五年に何者かによって倒されてしまったそうで現在は存在しない。しかし、とんでもないことをする輩がいるものだ）。

僕が父親に連れられて行った時分には、さすがに代筆屋が残っていたとは思えないが、細い路地に面して裸電球がぶら下げられた小さな露店が多数あった記憶がある。

その時、父親が幼い子供を連れて何をしに恋文横丁に行ったのかは謎であるが、その恋文横丁というインパクトのある地名と、妖しくあぶない雰囲気を幼心にも感じた一方、何か面白そうというスリルが僕の好奇心を強烈に刺激した。

帰宅した時、祖母に「今日は恋文横丁に行ってきた！」と興奮気味に話したところ、えらく感心されたので、余計この恋文横丁という名前と場所が僕の記憶に残ったのだ。

この体験こそが、現在までずっと続いている僕の路地やマイナーな店探索、街歩き好きの原点であるように思う。余談だが、僕は街歩きが好きな一方、山登りやハイキング、キャンプ、屋外でのバーベキューなどのアウトドア系レジャーは何が楽しいのか、いまだにわからず一切関心がない。完全な都会っ子なのだ。

しかし、実際に渋谷の街を裏道までくまなく歩き、かつ確かな記憶として残っているのは、電車通学を始めた高校入学以後のこと。

僕が高校入学した一九七八年は、渋谷三角地帯がまさに再開発され、渋谷１０９が建設されている最中だった。渋谷に訪れるたびに巨大化していく銀色の巨大なビルを眺め、いったい何が建つのかワクワクしたものだ。またセンター街や公園通り、スペイン坂以外にも雑誌「ポパイ」や「ホットドッグプレス」「アングル」等の記事を通して、駅から少し離れた円山町、桜丘町、ファイヤーストリートなど、ちょっとマニアックな渋谷に関心を持ち始めたのもその頃だ。

その後、僕は高校、大学と渋谷に抱き続けられるがごとく生活することになる。さらに就職し社会人になっても離れるどころか、四年間は〝元祖渋谷〟とも言える道玄坂の事務所勤務となったことにより、以前より増して渋谷と深くかかわり、まさに日々、街の変化を体で感じつつ月日を重ねていったのだ。

こうした僕にとって長い付き合い、かつ特別の思い入れのある街・渋谷における老舗ジャズ喫茶がSWINGだ。

SWINGは『ジャズ日本列島51年版』（一九七六年版）によると、一九五一年開店。僕の初SWINGは一九七九年なので、その時点ですでに開店して二八年も経過していたことになる。そんなに頻繁に通っていたわけではないが、一九九七年に閉店するまでの約一八年間で、合計すると三〇回以上は訪れたのではないだろうか。

SWINGは西武デパート渋谷店横の井の頭通りを直進し、東急ハンズの先の信号を渡る。そして、さらに二〇メートルほど行ったところを右に曲がった坂道の途中に店を構えていた。入口が坂に面しているため、ちょっと穴倉に入っていくような感覚がおもしろい。輸入レコード店の老舗で二〇〇八年に閉店したCISCOの地下という説明で理解していただける方は、かなりの音楽通だ。

オーナーはたぶん一九八〇年代時点でもすでに七〇歳前後のおじいさんであったと思われるが、髪はいつも整えられ、くわえタバコをしつつハンチング帽をかぶり、胸

SWINGが入居していた建物／ 2012年7月撮影

元にスカーフを巻くなどモダンな格好をしており、娘さんと思われる日本人形のようなちょっと神秘的で年齢不詳の女性と交替で店をきりもりしていた。猫が店内をうろうろしていたのも印象深い。

一九八〇年代半ば以降、SWINGといえばジャズのLD（レーザーディスク）やビデオ映像を楽しめるジャズ喫茶として東京のジャズファンの間では有名であったが、僕が初めて訪れた一九七九年は、ほかのジャズ喫茶同様にレコードを大音量でかけていた。なにせまだCD、LD、DVDは世の中一般には存在せず、ビデオさえもあまり普及していなかった時代なのだ。

一九八一年頃からレコードをかけると共に、LD、ビデオも上映する店となり、その後、ソフトの種類が豊富になるとジャズ映像専門店となったと記憶している。

その当時、オーディオ装置がまあ手頃な価格で買えるようになり、自分の家でもレコードをそれなりの音量・音質で楽しめる時代にはなっていたが、映像系機器、LDプレイヤー、ビデオデッキ、及びそれらのソフトはいずれも高価なため、一般人にとって買い揃えるのは難しかったのだ。

ただし、SWINGでジャズ映像を上映し始めた当初は、ソフトそのものの種類もまだまだ限られていたため、結構同じソフトを何回も見ることになったりしたものだが、ジャズの貴重な映像をコーヒー一杯で鑑賞できるというのは非常に画期的で、ほかのジャズ喫茶にはない大きな特徴であった。また録画された時期が古いためやむを得ないのだが、結構画質・音質の悪いソフトも多かった。とはいうものの、なにせチャーリー・パーカーやジョン・コルトレーンがスクリーンの中で動くのだ！

　世間一般では、ジャズ喫茶はすでに下火となりつつあったが、SWINGではジャズの映像を楽しめるため、昼間から暇をもてあました学生や、仕事をさぼっている背広姿のサラリーマン、得体の知れないフリーターなどでそれなりに賑わっていた。

　映像専門のジャズ喫茶は僕の知る限り、その後もSWING以外にはほとんどなく、そういう意味でオーナーは、先見の明があったと言える。とりあえず、集客という意味では他店との差別化がうまくいったというわけだ。ただし高価格なソフト購入、そしてジャズ喫茶の宿命で客の滞在時間が長いため、見た目の賑わいほど店は儲かってはいなかったと思われる。また、著作権の支払いがジャズ喫茶の経営を圧迫しているという話を聞いたことがあるが、映像を営業目的で使用するとなると……大変そうだ。


SWINGの照明はジャズ喫茶のお約束どおり薄暗かったが、床や椅子は何故かブルーがベース。SWING以外で店内がブルーのジャズ喫茶はほかで遭遇したことがないが、何か意味があったのであろうか？

　スクリーンに向かって左右の壁沿いに背もたれ付きの長いソファタイプの椅子が作

り付けられ、その内側にあたるフロアの中央寄りには小さな灰皿の置かれたテーブルと、背もたれがない丸椅子が無造作に一〇個ほど置かれていた。席数は合計二〇程度。通常、背もたれのある壁際席から埋まっていくので、店の中央寄りには比較的客が少なく、壁際の席に座った多くの客は、ほかの客にあまり遮られることなく正面スクリーンの映像を鑑賞できるというレイアウト上の工夫がされていた。

スクリーンとスピーカーが設置されている横に入り口があり、その扉にはやや大きめの鈴というか鐘が取り付けられていた。扉を開けるとその鐘がカラカラと鳴り、新たな客が入店したことを奥のカウンター内にいるオーナーに知らせるというシステムなのだが、店内の客全員も鐘の音に反応し一斉に新たな客を下から見上げることになる。そのため、SWINGデビューの客は扉を開けた瞬間、その視線に驚き、固まってしまうなんてこともよくあった。

しかし、この入店時に鐘が鳴るシステムは、音楽を鑑賞する店としてはいかがなものかとも正直思うが……。

SWINGには僕の所属していた大学のジャズ研のメンバーも多数出入りしており、特に今は亡きジャコ・パストリアスがベース演奏しているジョニ・ミッチェルのライブLDが大評判だった。ジャコが演奏しているオフィシャルの映像はほとんどなく非常に貴重なため、ファンにとってはまさに〝お宝〟。しかし、純粋なジャズでないためオーナーの好みではなかったらしく、リクエストをするといつも「ジョニ・ミッチェルかー……」とひと言こぼし、ため息をついてからLDをプレイヤーにセットするのであった。

僕にとって一番印象に残ったLDは、アート・アンサンブル・オブ・シカゴのライブ映像だ。オーナーの「これおもしろいんだよ」とのお勧めで見たら本当に〝はまって〟しまった。

アート・アンサンブル・オブ・シカゴはプリミティブなフリージャズの中心的存在で、「スイングジャーナル」誌等における紹介記事等により、僕もグループ名は以前から知っていた。ジャック・ディジョネットのグループで素晴らしいトランペットをブローしていたレスター・ボウイがメンバーなので気にはなっていたのだが、たまにジャズ喫茶でレコードがかかってもフリージャズでとっつきにくく、また正直何をしているか当時の僕は理解できなかった。

ところがLDの映像は、約一時間にわたりアフリカの民族衣装をまといフェイスペイントをしたメンバーが、さまざまなパーカッションを駆使し土着のリズムを紡ぎだす中、白衣を着てやはりフェイスペイントをしたレスターが、トランペットで絡んでいくという演奏なのだが、非常に高い音楽性を感じられた。またサウンドだけではなく彼らならではのパフォーマンスや、見たことのない楽器や器具（たとえばホースを頭の上でグルグル回し音を出す）を鳴らす様子は映像的に楽しめ、ジャズライブ演奏時における視覚の重要性を痛感させられた。

その後、一九九一年に青山のブルーノート東京で彼らのライブを実際に体験したのだが、やはり期待にたがわず素晴らしい一曲一時間あまりの演奏であった。

ちなみにレスターは一九九九年に肝臓ガンで亡くなっており、オリジナルメンバーによる〝生〟のアート・アンサンブル・オブ・シカゴをもう二度と体験できないのは非常に残念だ。

SWINGのマッチはボックス型で、表面と裏面の両面にわたってLPレコードの絵が描かれている。

虫眼鏡を使用して、そのレコードをよく見てみると、ルイ・アームストロング、ビリー・ホリディ、カウント・ベイシーが所属していたレーベルである「DECCA」と小さく書かれており、そんなところからオーナーの嗜好、こだわりが垣間見られて興味深い。

また、ローマ字で店の住所らしきモノが記載されているのだが、渋谷区宇田川町ではなく移転前の〝SHIBUYA 100KENTEN BEHIND OF THEATRE BOLL〟となっていた。ちなみに100KENTENとは道玄坂の百軒店であると推測されるが、「ひゃっ

SWINGのマッチ（表・裏）

けんだな」と読むのが正しいはずだ。なおTHEATRE BOLLは昔百軒店にあった映画館の名前であるらしい。

一九九七年一二月、オーナーも高齢となり店を維持し続けるのがしんどくなったとのことで（道玄坂のジャズバーCURIOのオーナー談）、東京・渋谷において四六年あまりの歴史を持つ名物ジャズ喫茶、SWINGはひっそりと閉店したのだ。

その後、〝SWING跡地〟には東急ハンズが近いこともあり、僕は何度となく訪問したが、ヒップホップをBGMとした渋谷系若者向け衣料品店、アクセサリーショップ、バーなど訪れるたびに店が変わっている気がする。

▼二〇二一年二月　追記

SWINGが営業していたビルも健在だ。SWINGが営業していたところには、今風のカフェが営業しているようだ。また、かつてCISCOが営業していた一階には、FACEレコードという中古レコード店が入居。この店は特に和ジャズのレコードの在庫が充実している。

SWINGが入居していた建物／ 2021年２月撮影

## 3　いかがわしい街、自由が丘のジャズ喫茶／自由が丘　ALFIE

自由が丘という街のイメージを一般の人々に聞くとおそらく、「ファッショナブル」「おいしいスイーツ店が有名」「かわいい子供用品のお店がたくさんある」「高級住宅街」「女性が住みたい街ナンバー1」といった回答が出てきそうだ。

しかし、昭和オヤジによる偏見覚悟の意見は、「女・子供向けのシャラクセー街で、大のオトナの男ひとりで行けるようなところじゃねえ。けっ」といったところではないか。

泉谷しげるが酔っ払って暴れながら叫ぶと似合いそうなセリフだ。

しかし自分にとって自由が丘のイメージは、それらの上品でハイセンスな街であると同時に〝いかがわしい街〟でもある。

ただし、一九七〇年代後半までの話だが……。

一九七〇年代後半も、自由が丘駅前の女神像が鎮座しているロータリー側は現在ほどではないにせよ、すでに洗練されたブティック、おしゃれな喫茶店、気取ったレストランなどが数多く建ちならんでいた。そこには、本人はまだ若いつもりの高級ブランドを身にまとった山の手マダムや、育ちがよさそうに見えるけど実は田舎出身のJJガール、お嬢様学校に通っているが週末はディスコ通いの遊び人女子高生などが闊歩していたのだ。

ただし、現在隆盛を誇っているやたら値段の高い子供服の店はまだほとんど進出しておらず、自分の子供が世界で一番かわいいと勘違いして、この時とばかりオシャレをさせ、見せびらかし、満足する親が出没する子連れの聖地とはなっていなかったような気がする。

しかし、女神像と東横線の線路を挟んだ反対側は、恐らく五〇メートル四方ほどの狭いながらも妖しい、オヤジご用達の〝カオス〟エリアが賑わっていた。今でもパチンコ屋やゲームセンター、店数はかなり減ったもののスナックが残っており、かろうじて当時の面影を伝えているが、残念ながら場違い感からか、夕方以降でもさびれた感じであることは否めない。

一九七〇年代後半まで、その〝カオス〟はミニ歌舞伎町とまではいかないまでも、ドロドロとした男の欲望を感じさせる魅力的なエリアで、安酒場や立ち飲み屋、カラオケスナックに交じって、現在の自由が丘のイメージとほど遠いポルノ映画館や麻雀屋（僕の通っていた高校の放課後の溜まり場、「マージャン静か」という雀荘もあった）も元気に街を彩っていた。ちなみにポルノ映画館はこの〝カオス〟エリアと、女神サイド線路沿いのひかり街の中にもあり、表に猥雑なポスターを張り出し堂々と頑張っていたのだ。

また、東急東横線自由が丘の駅の横浜方面行きのホームから〝カオス〟エリア側の線路沿いに見える、紫色の妖しげな看板が目立っていたサロン踊り子（この店は奇跡的に長いこと生き抜いていた）が気になった東横線利用の通勤・通学者も多いはず。実は僕もモノ心ついた幼い頃からサロンの意味も含め、その店の看板がとても気になっていたのだが、りっぱなオヤジとなったあとも結局訪れないまま、いつの間にか閉店してしまった。残念！　全くもって悔いが残る。どなたかぜひ、店内の様子や値段を含めた体験談をブログにでもアップしていただきたいものだ。

そんなこんなで〝カオス〟エリアは同じ自由が丘でありながら、明らかに女神像サイドとは線路を一本挟んだだけにもかかわらず、街並みはもちろん、歩いている人種、聞こえてくる音、漂っている匂いまで全て異なっていた。

特に夕方以降は、そのいかがわしいネオンが輝きを増し、独特のすえた匂い、呼び込みの兄ちゃんからのかけ声などと混ざり合い、妖しげかつ魅力的な空気を醸し出し、昭和オヤジ達を誘惑していた。多くのオヤジはその誘惑に負け、家に真っ直ぐ帰らずふらふらと街中をさまよい、何かしらの理由をつけ集い、またはひとりでそれらの店の中に吸い込まれていった。今日の疲れを癒しつつ、明日への英気を養っていたのであろう。

当時まだ中高校生であった僕は人生、社会といったことがなんたるかを全くわかっていなかったくせに、オスの本能なのか、好奇心とふしだらな気持ちをかきたてられつつ、夕暮れ時に制服姿でうろうろと意味もなく散歩した。

とにかく僕は猥雑な街中でそういった得体の知れないモノを覗き、聞き、そして感じ取ることが妙に好きな、ちょっと変わった中高生であったのだ。

自由が丘以外も含め、さまざまなタイプの街歩きという社会科見学が常時可能であることは、田舎では絶対経験できない、都会の中高生における放課後の有意義な過ごし方、特権であると僕は今でも思っている。ただし、それが将来何かの役に立つかは不明だが……。

いずれにせよ当時の自由が丘はまさに、ファッショナブルなハイセンスタウンと、その対極であるオヤジ天国が共存していた、たぶん日本広しといえどもほかには存在しないであろう実に稀有な街だったが、一九八〇年頃から〝カオス〟エリアまで女神像サイドが徐々に侵食し、僕にとってはあまりおもしろくない、こぎれいでつまらない画一化された街になってしまった。

前置きが長くなったが、ジャズ喫茶ALFIEは自由が丘駅メインの改札口から東急東横線のガードをくぐり〝カオス〟側に向かい、線路沿いに渋谷方面へ歩いてわずか一分足らずの雑居ビルの二階で営業していた。

二〇一二年時点でそのビルは健在で、二階のALFIEがあった場所には瀟洒なバーが営業しているようだ。

ALFIEは自分的にはいわゆる正統派ジャズ喫茶の権化であり、僕が勝手に定義したジャズ喫茶に必要とされる全ての要件を完璧に備えていた。

なおジャズ喫茶の定義・要件等に関しては、人、そして時代により、かなりの差異があると思われるが、以下の要件は、昭和五〇年代をベースとした〝あくまでも僕個人の主観〟によるモノだ。

また全ての要件を満たさなければジャズ喫茶として認めないというわけではもちろんない。まあこのような物事の基準は、裁判で争われた某青春小説の猥褻判断同様に時代の流れと共に変わっていく。昭和と平成、そして令和では大きく異なるし、僕の知らないジャズ喫茶黄金時代と言われている昭和四〇年代であったら、はるかに厳しい基準になっていただろう。

ALFIEが入居していた建物／ 2012年7月撮影

・大音量
これはジャズ喫茶の基本中の基本と言いたい。ジャズを聴く客のための喫茶店がジャズ喫茶である。ＢＧＭでジャズを流している喫茶店ならジャズカフェとか別のカテゴリーに該当する。

・談話禁止
大音量でジャズが店内に流れている時点で、談話禁止というより会話不能。無理して大声で話すのは、普通の喫茶店でもマナー違反でしょう。仕事の打合せにジャズ喫茶を利用することはありえない。

ちなみにALFIEは「ジャズ日本列島51年版」の店舗紹介コメントで、「当店は談笑するための場所ではありませんので、その目的だけで来店される方はご遠慮ください」と談話禁止を明示している。実に潔い。

しかし、いきなり最初の要件である「大音量」を半分否定することとなるのだが、昭和五〇年代をベースとしてさえ、ジャズカフェまで音量は小さくないものの、ＢＧＭというには若干音量が大きく、かつ談話可なジャズ喫茶が増加、というか主流になりつつあった。これも世の流れでジャズ喫茶が生き抜いていくためのひとつの方策なので、「おしゃべりを目的とし入店する客は不可」程度にハードルを下げざるを得ない。

と、すでに弱気になっているのであるが、この優柔不断さ、よく言えば臨機応変、その場の雰囲気で手のひら返しがジャズマン気取りの自分流。
・裏通りに面した古い雑居ビルの地下または二階以上、上の階に店を構えている
表通りに面したおしゃれな新築ビル一階のジャズ喫茶をイメージできないのは昭和オヤジたる所以。店のロケーションが地下か二階が多いというのは、経営者からしてみれば家賃と共に防音問題があったのではないか。

店主がビルのオーナーで、ジャズ喫茶経営は半分趣味という営業方針であるならば別であるが、利益を上げそれを糧に生活をする必要があるならば、一般に表通りで、かつ一階だと家賃が高く、また防音費用がかさむことにより経営が厳しくなることが想定される。よって多くのジャズ喫茶は裏通りに面したビルの地下か二階で営業していたのであろう。またジャズ喫茶という営業形態そのものが、店自ら客を選別するので、一階でなければならないという必然性があまりないということも挙げられる。

そんなジャズ喫茶経営における背景からしても、僕は地下か二階のほうがジャズ喫茶らしいイメージを持っているのだが、実際には一階で営業していた店も神保町・響、下北沢・マサコ、御茶ノ水・ニューポート、神楽坂・コーナーポケット、上野・イトウと多数存在していた（コーナーポケットはジャズバーとして現在も夜間のみ営業中）。

ただし、イトウを除き、既出のジャズ喫茶は全て裏通り、または路地裏のロケー

ションだ。

・狭い黒を基調としたインテリアで薄暗い店内

ジャズの世界に入り込むには、やはり黒中心のインテリアで暗いほうが落ち着くと思う。ジャズを聴くのが目的であれば、白い壁の明るい雰囲気やパステルカラー、POPな家具はふさわしくないだろう。

・無口なマスター

本格派ジャズ喫茶は、基本的に談話禁止なのでマスターと会話する術がなく、本当に無口かは確認できないが、実はジャズの話だとおしゃべり好きなマスターが多いという説もある。しかし、やはりイメージ的には無口というのが主流。

・あまり美味しくないコーヒー

もちろんコーヒーは美味しいに越したことはないが、美味しくなかったケースが結構多かった。これも、神保町の響のようにこだわりのコーヒーを出す例外店もあり。しかし、特に平成になってからオープンしたジャズ喫茶に関しては、こぎれいで美味しいコーヒーを売りにしている店が多いのが特徴。

・そのくせ少し高めの値段

ジャズ喫茶の客は基本的に店の滞在時間が長いので、これに関しては理解しなければならない。店が暴利をむさぼっているわけではもちろんない。ちなみに、一九八〇年頃、普通の喫茶店のコーヒーが一杯二五〇円だった時代、ALFIEはたしか四〇〇円であったと記憶している。当時の高校生、大学生にとってはそれなりに覚悟を決めて払う金額であり、三〇分やそこらで店を出ることは決してできない。

・昼間から営業していること

ジャズ喫茶も喫茶店である以上、昼間から営業して欲しい。夜の営業のみだと、たとえコーヒーが飲めても、ジャズ喫茶ではなくジャズバーの範疇であると思う。

・アナログレコードをかける

日本でCDプレイヤーが発売されたのは一九八二年。当時ソニー製第一号機は一六万八〇〇〇円だったとのこと。またCDソフトもまだ少なかったので、昭和五〇年代においては全てのジャズ喫茶がレコードをかけていたと言える。

ジャズ喫茶において、アナログレコードを一枚一枚プレイヤーでかけるという儀式は大変重要。レコードをターンテーブルに置き針を落としたあと、実際に演奏の始まるまでのわずかな時間に発せられるノイズは最高のアンティシペートであり、そのワクワク感はレコードならではのもの。ジャズ喫茶の衰退の原因のひとつに音楽ソフトがレコードからCDに変わり、誰でも手軽にある程度いい音質で音楽を楽しめるようになったことが挙げられるが、実はレコードにはあった緊張感を感じさせる〝ありがたみ〟がCDに欠如したことも大きな要因ではなかろうか。

あとCDはA面、B面と分かれていないのがジャズ喫茶にとっては致命的な欠点。気に入らないCDだった場合、四〇分以上ずっと同じCDを聴いているのは苦痛以外の何ものでもない。また、一枚の演奏時間が長いので、リクエストをしてもいつになったらかかるかわからないのも困る。かといって、マスターの好きな曲を一曲ずつかけるといったのも面倒だろう。

ただし、新譜はアナログレコードが発売されないケースが多いので、その場合のみCDをかけることは許されるというか、やむを得ない。

ほかにも人によっては、

レコードの所有枚数が数千枚あり、しかも音質が優れている輸入版であること。

レアなレコードやオリジナル版を多数所有していること。

高価なオーディオ装置がセットされていること。

酒や食事を出してはいけない。

等、いろいろ意見もあるようだ。

ただ僕はこれらの要件にはあまりこだわっていない。というかオーディオ装置の質とか、ジャズ喫茶ごとに音の違いとか僕は正直よくわからないし、聴き分けようとさえしていなかった。酒と食事があればあったらそれでいい。まあ、要するに大音量の件も含め、僕の要件はもちろん〝絶対〟ではなく、まあ便宜上ピックアップした〝ゆるい〟ものだ。

早稲田大学教授で、日本の戦後文化に詳しいマイク・モラスキー氏の著作『ジャズ喫茶論』でもジャズ喫茶の定義について細かく触れているが、結局のところ、「ジャズを聴かせることを主目的とした喫茶店」という非常にシンプルな結論に至っており、これが一番解りやすく異論を唱えようがない。

ただし自分にとって絶対忘れてはならない、そして譲れないのが、「店のマッチが〝スイング〟していること」だ。

ちなみにALFIEの店のマッチは黒ベースのボックスタイプで、表面に〝ALFIE〟と白抜きのアルファベット大文字にて店名が記載されている。

一見するとなんでもないようなデザインにも思えるが、〝I〟もほかの文字同様に大文字なので本来〝点〟は不要なはず。ところがあえて赤色で〝点〟を表記し、マッチ箱全体のモノトーンなデザインの中でアクセントとしているのだ。

今となってはその赤い点に込められた意味合いをオーナーに確認のしようがないが、僕は〝I〟の文字をマッチ、またはタバコにみたて、赤い点は炎を表しているのではないかと思う。さらに深読みをすれば、「ジャズの火は消さない！」という強い意志

ALFIEのマッチ（表・裏）

とも取れなくもない。ちなみに裏面には、小さく白抜きで〝MODERN JAZZ & COFFEE〟と記載されている。

最近のジャズ喫茶はマッチがもともとない店、切らしている店、以前はあったが在庫がなくなると作るのをやめてしまった店が多く、これは非常によろしくない。老舗と言われるジャズ喫茶でさえ例外ではなく、実に残念。

ジャズ喫茶にとってマッチとはタバコに火をつけるモノ以上に、その箱のデザインを通して店の存在、生き様を示す重要なツールだ。たとえライターがいかに普及しようとも、世の中から喫煙者がひとりもいなくなろうとも、ジャズ喫茶はマッチを準備しなければならないと思う。

いまだにWEBにはジャズ喫茶のマッチコレクションに関するサイト、ブログが多数アップされていることからも、ジャズ喫茶のマッチ収集を楽しみに全国行脚していた僕のようなジャズ、ジャズ喫茶ファンは大勢いたはず。マッチは比較的安い単価で作成可能。しかも極めて効果的、かつ重要なプロモーショナルグッズであることは間違いなく、やめる理由はない。

僕はいまだに初めて訪問したジャズ喫茶、ジャズバーでは必ず店のマッチをもらえないかと尋ねるのだが、ないことが多い。逆にあったりすると、場合によっては探してまでもらえると、天にも昇る幸せな気分に浸るのだ。もちろん、そのような店には恩返しとして、近くに来るたびに寄らしてもらうようにしている。

とにかくジャズ喫茶においてマッチは、儲かっていないからといってやめてしまっていいものではない。マッチはジャズ喫茶が持たねばならない究極の〝こだわり〟であると僕は信じて疑わない。


自由が丘のジャズ店といえば、ジャズ評論家のイソノテルヲ氏がオーナーであったジャズクラブ5 SPOTが有名。鈴木勲バンドがレギュラー出演していたようだが、残念ながら営業していた時分、僕はまだ小中学生でジャズには関心がなく、また夜ライブを聴きに行くには若すぎたため訪れたことはない。

一九七九年には女神像エリア熊野神社そばの白いビルの二階にジャズをＢＧＭに流す喫茶店、今で言うところのジャズが流れるカフェであるウェストコーストがオープン。

店の雰囲気は、いわゆる典型的な自由が丘女神サイドのカフェであったが、きちんとアナログレコードをかけており、リクエストも可能であった。ガラス張りで店内は明るく、軽食も摂れることもあり、放課後にジャズファンではない友人ともよく立ち寄って、大学のレポート作成や試験勉強もした記憶がある。

ウェストコーストのマッチはブックタイプで、黒と白の二つのバージョンが手元に

ウェストコーストが入居していた建物
／2012年7月撮影

残っている。

共に表面には、〝SOUND SQUAREウェストコースト〟と記され、ドラムのハイハット・シンバルのイラストが描かれているが、ジャズを感じさせず、むしろ女神サイドの店であることを主張しているデザインだ。ハイハット・シンバルからするとオーナーがドラマーであった可能性もあり。裏面には〝COFFEE & WHISKY〟と電話番号が記載されているが、何故か黒バージョンのみ、さらに〝Keep on Swingin〟とあり、ジャズ店であることを一応謳っている。しかし黒バージョンのデザインでさえ軽い印象だ。

実は僕にとって自由が丘におけるジャズ店の中心は友人の誘いやすさからウェストコーストとなってしまったが、ALFIEは何ヶ月かに一度ふと立ち寄りたくなるような店であった。


かつては映画「時計じかけのオレンジ」のラストを彷彿させるような魅力的な街であった自由が丘だが、時の流れと共に店はどんどん変わっていき、見せかけの幸せオーラに満ちたつまらない街となってしまったように思う。

そして一九八〇年代のある日、ふらりと〝カオス〟エリアへ出向くと、ALFIEの扉は堅く閉ざされ、Ｉの点〝赤い灯火〟は消えていたのだ。

ウェストコーストのマッチ（表・裏×２種類）

ウェストコーストもオーナーが変わったのか、いつしかジャズのレコードをかけるのをやめてしまい、普通のおしゃれなカフェとなった。また、そのカフェも一九九五年頃に閉店してしまったようだ。

ウェストコーストが入居していた建物／2021年2月撮影

▼二〇二一年二月　追記

ALFIEが入居していたビルも、自由が丘駅徒歩一分という便利なロケーションながら現存し、ジャズとは関係ないバーが営業しているようだ。ジャズ喫茶のマッチは、ますます世の禁煙が進んでいることもあり壊滅状態だが、四谷・いーぐる、横浜・ちぐさ、熱海・ゆしまなどの老舗ジャズ喫茶では、マッチが復活した。

ALFIEが入居していた建物／2021年2月撮影

# 4　ストリップ劇場に惹かれてジャズ喫茶詣で
## ／新丸子　ルート・マイナス・アール

現在のようにパソコンや携帯電話・スマホによって簡単にお店探しができなかった二〇世紀。我々はジャズ喫茶をどのようにして発見、発掘し訪れていたのであろうか。代表的なケースとして以下の三種類が挙げられると思う。

①口コミ。いわゆるジャズ好きな友人、知人からの情報。
②「スイングジャーナル」「ジャズ批評」「ジャズライフ」等のジャズ専門誌に掲載された広告。
③自ら街を歩いている際に偶然発見。

あと、ジャズ批評社から一九七二年から二〇〇五年まで不定期に刊行されたジャズ批評別冊『ジャズ日本列島＊＊年版』という、全国のジャズ喫茶を紹介した雑誌で調べるという方法もあった。

今回はケース③の、自ら街を歩いている際に偶然発見した新丸子のジャズ喫茶の思い出を紹介したいと思う。

新丸子は東急東横線の駅名だ。

この本のタイトルは、『東京ジャズメモリー』だが、新丸子駅近辺の住所は神奈川県川崎市なので東京ではない。しかし東急東横線で多摩川を越えた一駅先は、東京都大田区の多摩川駅（一九八〇年当時は多摩川園駅。二〇〇〇年に多摩川駅に改称）ということもあり、まあ、ほぼ東京みたいなものということでお許し願いたい。

その新丸子駅は、横浜方面の次の駅である武蔵小杉駅からわずか五〇〇メートルしか離れておらず、また路線バスの発着も少ないこともあり、ほかの東横線の駅に比較し乗降客数が少ない。駅近辺も小ぢんまりとした飲み屋街はあるものの、これといって特徴がないのが特徴か。

昔は多摩川沿いの宿場街だったこともあり、色街としてそれなりに栄えたそうだが、首都圏在住の人間にとってでさえ知名度は低く、自分が住んでいるか知人でもいない限り普通は利用しない地味な駅であろう。

その色街の名残か、一九八〇年頃まで駅から商店街を抜け一〇分ほど歩いた綱島街道沿いに、丸子劇場というストリップ劇場があった。

僕の通っていた高校は東急東横線の沿線で新丸子が近かったこともあり、「丸子劇場は入場料三〇〇〇円を払うと、舞台上で●●ができる。しかも、平日昼間一時のオープンと同時に入場すればほかに観客がいないので、貸し切り状態だ」との噂がまことしやかに流れていた。

その手の好奇心が旺盛だった僕は初夏の天気のいいある日、友人に誘われてというか誘って、丸子劇場に行くことを決断した。午後の授業をさぼり学校を抜け出し、駅のトイレで制服から私服に着替え、初めて新丸子駅に降り立った。当時はインターネットのエロサイトはもちろん存在していないどころか、ビデオさえもまだあまり普及していない時代で、友達のハワイみやげの直輸入版「プレイボーイ」誌や「ハスラー」誌がお宝で、それらのグラビアに目を輝かせていた古きよき時代だ。言うまでもないが、友人からの直輸入版とは、こっそりスーツケースの底に隠して持ち込んだ無修正モノのこと。

僕らはまだいたいけな高校生で、初ストリップ鑑賞というビッグイベントに向けて相当緊張しており、劇場のチケット売場に到着する頃には、すでに不埒な欲望に胸をバクバクさせていたのだ。そしてチケット売場のおばちゃん、いや、おじさんだったかもしれない、にあまり顔が見えないようにうつむき、緊張しているのを悟られないようなるべく低い声で「大人ひとり」と言って三〇〇〇円の入場券を購入した。学生料金というのもあり二五〇〇円だった気がするが、さすがに高校の学生証は見せられない。残念！

しかし、いくら本人達が大人のふりをしても、大きなスポーツバッグを持った二人はどう見ても学校をさぼった高校生にしか見えなかったと思う。

そして〝もぎり〟のおばさんにチケットを渡し、いよいよ劇場の重い扉を開けるするといきなり当時映画「サタデー・ナイト・フィーバー」で流行っていたビージーズの「ステイン・アライヴ」が大音量で僕らに浴びせかけられた。ミラーボールがぐるぐる回転し光の渦を劇場内に解き放つ中、まばゆいばかりの強力なスポットライトが舞台上のまだ水着姿の踊り子さんをめがけて照射され、

「フィーバー、フィーバー、フィーバー！」

といったMCのかけ声が会場内に響きわたる。ショーはすでに始まっていたのだ。

僕らは、はやる気持ちを鎮めつつ、まずは会場内を見渡すと、まだオープン直後であったにもかかわらず暗がりの中一〇名ほどの観客がすでに入場していた。

平日の真っ昼間なのに……。

自分達のことは棚にあげ、「いったいこの観客たちは、普段何をしている人なのであろうか？」などと勝手に思った。つまり期待していた貸し切り状態ではなかったわけだ。これは全くの想定外。

また改めて舞台上を眺めてみると、踊り子さんは派手な化粧で若作りをしているも

のの、たぶん三〇歳過ぎではないかと思った。

「ババアじゃん」と友人がつぶやくのが聞こえた。

一〇代後半の高校生であった僕らからしてみると、三〇代というか、二五歳くらいを過ぎた女性はほとんどオバサンとしか見えず、やや興ざめしたが、とりあえず後方の席に座っておとなしく鑑賞させていただくことにした。

何人かのオバサン踊り子のショーが終わったあと、いよいよ「希望のお客様は舞台に上がってください」という場内アナウンスがされたのだ。僕らは顔をお互い見合わせ、相手が舞台に上がるよう目配せをした。いざとなると、まばゆいばかりのスポットライトが照らす舞台に上がるのは、僕ら高校生にとって相当勇気がいる。まして一〇数名であるが、観客が見守る中●●をするのかもしれないのだ。これは一大事で、半端じゃない覚悟が必要ということがわかった。

こうして僕らがお互いに躊躇している間に、三人ほどのオッサンが客席から舞台に上がってしまい定員となったため締め切りに。

いよいよ●●ショーが繰り広げられるのかと思うと、舞台上に何故か子供用ビニールプールが運び込まれてきた。そして、ビニールプールにお湯が注がれると舞台袖から水着姿の踊り子さんが現れ、行水をし始めた。そこでさっきのオッサン三人組が登場するのだが、順番に踊り子さんの身体を交代で洗う「入浴ショー」というらしいソフトかつ、まあなんてことない内容のショーが展開された。

もちろんおっさん達は着衣のままで、一緒に行水するわけではない。全裸のおっさんがビニールプールに入っての行水なんて誰も見たくもない。

ただ、その時舞台に上がった中年のオッサンのうちのひとりが、常連なのか親しげに踊り子さんと会話していた。何を話しているのかは客席まで聞こえなかったが、時折踊り子さんを笑わせるなどリラックスさせつつ、あんなところや、そんなところをタッチしていた。その行為には大人の余裕が感じられ、自分達はまだまだ子供で〝その域〟に達していないと、いたく感心したのだ。まあ高校生がストリップの舞台に上がり、リラックスして踊り子さんと会話していたら、それはそれでおかしいのであるが。または相当の大物に違いない。

僕らは結局舞台に上がることもなく二時間ほどの踊りを堪能後、少しの落胆と実は多くの安堵感を胸に丸子劇場をあとにし、新丸子駅へ戻る途中に発見したのが〝多摩川堤を疾走する最硬のジャズ〟とマッチに記されているルート・マイナス・アールだ。「最硬のジャズ」、なかなか印象に残るいいキャッチフレーズだ。しかし丸子劇場に向かっている時は、周りが見えていなかったのであろうか、店の存在に全く気づかなかったのは不覚。

ルート・マイナス・アールは商店街のメイン通りに面した雑居ビルの一階で、木製の重い扉を開けて中に入ると、カウンターが一〇席程度とテーブルが三、四卓の狭い店であった。夜はジャズバーとしても営業しているようで、カウンターの内側にはたぶん数千枚のレコードと共に、数十本のウイスキーがボトルキープされていた。

そしてカウンターの奥にはおばさんパーマをかけ、派手目な化粧をした五〇歳前後と思われる小柄なママが立っていた。

僕らが入店すると、いきなりそのママがカウンターによじ登り、丸い柱に腕をからませつつグルグル回転しながらジャズをBGMとしてストリップを始めた！　ということがあるわけではもちろんない。

僕らがテーブル席につくと、普通にオーダーを取ってコーヒーを持ってきただけだ。「最硬のジャズ」なはずなのに、僕らが訪れた時は音楽のボリュームは意外と控え目で会話が十分できる程度。店内の客は僕らのみ。その後、テーブル席に座って一時間ほど滞在したのだが、新たな客はひとりも来なかったので貸し切り状態だった。結局、客がひとりもいなかったのは丸子劇場ではなくジャズ喫茶のほうであった。

店のマッチはボックスタイプで、表面は赤色をベースに店名である〝√―R〟が黒字で大きく、裏面には所在地の地図が描かれている。

ルート・マイナス・アールの店内写真／ジャズ批評別冊
『ジャズ日本列島55年版』より

しかし店名の$\sqrt{-R}$の由来は何なのか、閉店してしまった今となっては確認のしようがなく、またまた〝永遠の謎〟だ。そして側面には、例の〝多摩川堤を疾走する最硬のジャズ〟と書かれているのが印象的だ。

『ジャズ日本列島51年版』における店のコメント欄に店の主旨なるものが書かれているのだが、その店名の由来、意味については触れていない。

その主旨にしても「多摩川を疾走するジャズは$\sqrt{-R}$から観念的に独立している」とか、「それは首都をヤブニラミしながら全体の方向として上流へ向かう」といった具合で、僕には全く理解不能だ。

なお、後日知ったのだが、月一回程度この狭い店内で主にフリージャズのライブを開催し、トランペッターの近藤等則氏もときどき演奏していたとのこと。この狭い店でバリバリのフリージャズライブをしていたとは、まさに「最硬のジャズ」の面目躍如といったところだろう。

それから約一年後の小雨降る日曜日の午後、渋谷道玄坂の老舗ジャズ喫茶GINIUSでなんとはなしに「スイングジャーナル」誌のインフォメーション欄を眺めていると、「ルート・マイナス・アール閉店レコード大バーゲンセール」の告知が目に飛び込んできた。

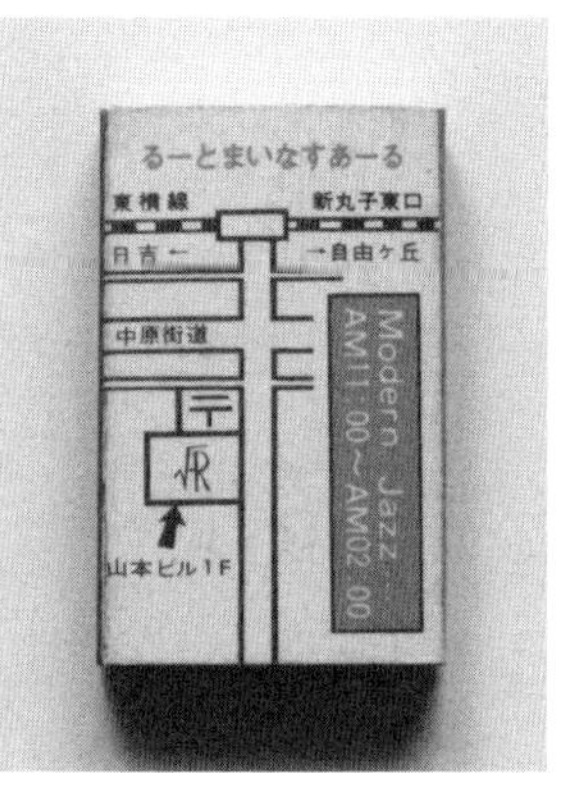

ルート・マイナス・アールのマッチ（表・裏・サイド）

しかも閉店日は、なんとその告知欄を読んでいるまさにその日ではないか！

別に足繁く通っていた店でもなく、レコードを安く買いたいわけでもなかったが、僕は何故かいてもたってもいられず東横線に飛び乗ると新丸子へ向かった。若さゆえの衝動なのだろう。

夕暮れ時に店の前に到着すると、そこには店のママが虚脱感を漂わせつつ、ひとりで佇んでいた。目が合うと、

「レコード……全部売れちゃったよ」

とひと言つぶやいて、誰もいない、そしてレコードがもう一枚も残っていない〝ジャズ喫茶の抜け殻〟の中へ静かに消えていった。


さらにその数年後、大学生となった僕はクルマで綱島街道を走っている時、ふと気づくと、すでに丸子劇場がルート・マイナス・アールのあとを追うように跡形もなく消えており、瀟洒なマンションに生まれ変わっていた。

ストリップ劇場とジャズ喫茶。なんの関係もないようだが、共に戦後間もない頃から少なくとも昭和四〇年代までは、ある意味時代を象徴する熱気溢れる風俗であったことは間違いのない事実だろう。しかし時代の流れ、ビデオ、ＣＤ、及び安価なオーディオ装置の普及も影響し、ジャズ喫茶は、ストリップ劇場と共に衰退せざるを得な

ルート・マイナス・アールが入居していた建物／2012年8月撮影

くなってしまった。

▼二〇二一年二月　追記

　タワマン銀座となったお隣の武蔵小杉駅ほどではないものの、新丸子駅周辺も九年前に比べてさらに整備され、マンションも増えた気がする。ただ、武蔵小杉に比べ、お洒落度は低いので、昭和ラブのジジイはホッとするのであった。

　この章の最後に「ジャズ喫茶は、ストリップ劇場と共に衰退せざるを得なくなってしまった」と記したが、新たなストリップ劇場がオープンしたという話は聞いたことがないが、ジャズ喫茶は毎年、日本全国で数店は新規オープンしている。ジャズ喫茶は全盛期に比べれば減少しているが、まだまだ頑張っているのだ。

ルート・マイナス・アールが入居していた建物／2021年
２月撮影

# 5　村上春樹氏とチェシャ猫／千駄ヶ谷　Peter-cat

Peter-catは、あまりに有名なベストセラー作家である村上春樹氏がオーナーであったジャズ喫茶だ。

彼の年表によると、まだ早稲田の学生であった一九七三年に国分寺でオープン。一九七七年に千駄ヶ谷に移転したが、作家デビュー後に多忙となったため一九八一年に手放したとのこと。

引っ越し好きで有名な村上氏は、自分の店まで引っ越していたのだ。

ちなみに『ジャズ日本列島51年版』（一九七六年版）では国分寺の店が紹介され、店主欄には村上春樹とご本人の名前が記載されている。しかし、昭和55年版（一九八〇年版）では千駄ヶ谷の店は紹介されているのだが、作家デビュー後のためか店主欄は無記名となっていた。

Peter-catという店名の由来は村上氏のエッセイによると、彼が学生時代飼っていた猫の名前、ピーターから。ピーターは自由を愛し、かつ生活力が旺盛な猫であったという。

ちなみにピーターとの出会いから別れまでに関しては、村上氏の著書である『うずまき猫のみつけかた』で詳しく記述されており、それを読むと自分の店にPeter-catと名付けた氏の思いがよく理解できる。村上氏はほかのエッセイでもPeter-catの開店までのいきさつや開店後のエピソード等にたびたび触れていることから、Peter-catはジャズファン以外にも知られ、現存しないにもかかわらず、ある意味日本一有名なジャズ喫茶かもしれない。

僕は国分寺のPeter-catの訪問経験はないが、千駄ヶ谷の店では何回か〝お茶〟をしたことがある。初めて訪れたのは僕がまだ高校二年生であった、一九七九年の夏。「スイングジャーナル」誌か「ジャズライフ」誌の小さな枠広告でPeter-catのことを知り、神宮プールに行った帰りに立ち寄ったと記憶している。一九七九年といえば六月に村上氏は『風の歌を聴け』で群像新人文学賞を受賞した年。その年の夏ということは、村上氏がベストセラー作家への道をまさに歩み始めるところだが、当時の僕はもちろんそんなことを知る由もなかった。

Peter-catの場所はJR総武線・千駄ヶ谷駅の国立競技場口から、鳩の森神社に向かって五分ほど歩いた閑静なエリアの一角に建つ瀟洒なビルの二階。

先日、久々にその付近を訪れてみると、周囲の街並みはあまり変わっていないように感じたが、Peter-catが入居していた建物は現存しているものの、さすがに三〇年あまりを経過したことによる〝くたびれ感〟ありだった。

二階の店へは外階段を利用して上がり、扉を開け店内に入ると大きな窓で囲まれており周囲の景色がよく見渡せた。木製の床にやはり木製のテーブルと椅子が並んでおり、明るいけれど落ち着いた雰囲気。店内で流れる音楽のボリュームは控え目で、もちろん談話可能。メニューに関してはドリンク以外に軽食や、チーズケーキもあったらしいが、僕は全く記憶にない。

なお、夜はジャズバーとなりアルコール類を提供していたようだ。また、ジャズのレコードをかけるのみならず、定期的に一流ミュージシャンによるライブも実施していたとのこと。

本格的なジャズライブはあるものの、Peter-catはジャズファン以外には敷居の高いいわゆる本格派ジャズ喫茶、ジャズバーではなく、誰でも気軽に入れる〝今風〟に言えばジャズが流れているカフェバーといった感じの店であったと思う。

ちなみに西麻布にカフェバーの元祖と言われるレッド・シューズがオープンしたのは一九八一年の一二月とのことなので、この時点で日本にはまだ〝カフェバー〟という言葉そのものが存在しない。

カフェバーを、「昼夜を問わずコーヒーなどのソフトドリンクだけではなく、ビー

Peter-catが入居していた建物／ 2012年８月撮影

ル、ウイスキー等のアルコール類も飲むことができ、同時に軽食やケーキ等も味わえる内装に凝ったお洒落な店」と自分で勝手に定義すると、Peter−catはカフェバーの〝はしり〟と言ってもよさそうだ。

翌一九八〇年七月（レコードの発売年月なので間違いはないと思う）に訪れた際は、当時個人的に大ファンであったニューヨークのトップ・スタジオミュージシャンで、Stuffや渡辺貞夫氏との活動でも有名なキーボーディスト、リチャード・ティーの新作ソロアルバム「ナチュラル」を、ちょうどレコード店で購入した帰りだったので、フュージョンのアルバムにもかかわらずお願いして店でかけていただいた。前作「ストローキン」が彼独特の強力なグルーヴ感満載の素晴らしい内容であったので（特にラスト・トラックのスティーブ・ガッドとのデュオ演奏「A列車で行こう」は最高）、新作に対する期待は非常に大きかった。しかし、「ナチュラル」は彼自身によるボーカル曲のトラックが増えたぶん、全体的によりポップになった代わりに、ピアニストとしてのリチャード・ティーの個性が薄れ、全体的におとなしめで自分的にはイマイチであった。僕のあくまで個人的な評価だと、「ストローキン」が四ツ星半なら「ナチュラル」は二ツ星半といったところか。

聴き終わったあと、演奏内容が今ひとつであったことから、少し後ろめたい気持ちで奥のカウンターへレコードを受け取りに行くと、村上氏はおそらく僕の気持ちを察してか、「こういうのも悪くないね」といった心やさしいコメントをいただいた記憶がある。

その時は何も感じなかったが、今となって当時のことを思い出すと、長髪が流行っていたとはいえ、髪の長い生意気そうな高校生が持参してきたフュージョン・ミュージックのアルバムを快くかけ、内容がいまひとつであっても否定せず、相手を気遣うコメントをする。なかなかできないことだ。本格派ジャズ喫茶だったら、まずかけてもらえないだろうし、かけてもらったとしても、以後、出入り禁止となったかもしれない。

また、雑誌「ブルータス」一九八〇年一二月号「男には隠れ家が必要である。ブルータスが考える男の空間学」特集ではPeter－catが村上氏の〝隠れ家〟としてカラーページで紹介されている。記事のメインフォトには濃紺のTシャツ、ブルージーンズ、スニーカー姿でバーカウンターのスツールに腰掛け、うつむき加減のポーズをとった三一歳の村上氏が写っているのだが、まるで大学生のように若々しい。

カウンター上や壁に誂えられた棚には多数のウイスキーボトルが並んでいるのが見えるが、村上氏の手元に置かれているのは、ウイスキーグラスではなくコーヒーカップだ。

そのことから、「昼間も営業しており、お酒以外にコーヒーも飲むことができます」と主張しているように僕は思うのだが、深読みしすぎであろうか。

ほかにも小さなサイズながら当時の店内フォトが三枚掲載され、村上氏のコメントから家具、調度品に対するこだわりが窺える。

本文中で村上氏のプロフィールが、「村上氏は小説家として、その名が知られるようになったが、本職は代々木にあるジャズ・クラブ〝ピーター・キャット〟のオーナーだ」と記述されている。しかし店の最寄り駅はJR千駄ヶ谷駅で、住所も千駄ヶ谷一丁目。マッチにもSENDAGAYAと記載されており、代々木は千駄ヶ谷から近いとはいえライターの勘違いだ。さらにPeter－catは定期的にライブを実施してはいたものの、いわゆる〝ジャズ・クラブ〟という店の業態紹介には疑問符がつく。

お酒も提供されるので喫茶店ではなく、また昼間から営業しているのでバーとも言えず、当時カフェバーという言葉もまだなかったため、ライターも苦肉の策としてジャズ・クラブと紹介したのかもしれない。

記事の内容は、「全て自分の気にいった家具、調度品を揃えた居心地の良い空間である店内は、営業時間終了後に村上氏の隠れ家となる。カウンターで好きなジャズのレコードをかけつつウイスキーを飲む贅沢な時間を過ごす」といったモノで、当時、この記事を読んで村上氏のライフスタイルに憧れた同世代のサラリーマンも多数いたのではなかろうか。というか、このブルータスが発売されてから三〇年以上経過した現在、僕自身がうらやましいと思ってしまうのだ。

あとPeter-catとは関係ないが、隠れ家の特集記事以外に、「ポケットベルの普及と自動車電話の出現、携帯電話の時代はいつくるか」などという〝ブルータスの予言〟といったコラムもあり。携帯電話の時代がいつやってくるか、具体的には書かれていないのがずるいが、スマホ全盛の今となっては興味深い。また、自動車電話という平成生まれにとっては見たことも聞いたこともないであろう懐かしい機器名に僕は反応してしまった。

いずれにせよ、当時のPeter-catをカラー写真付きで紹介した雑誌記事は、僕の知る限り「ブルータス」のこの号にしかなく、しかもメイン写真には村上氏ご本人も写っていることから非常に貴重だ。

高校生であったにもかかわらず、ませたというかオヤジくさいガキであった僕は、ジャズ喫茶のマッチ箱を当時から収集しており、Peter-catのマッチ箱も手元に残っている。村上氏が超有名人となった今、ちょっと自慢の一品、まさにお宝なのだ。

Peter-catのマッチ箱はブック型で、表面にはルイス・キャロル原作『アリス・イン・ワンダーランド』（不思議の国のアリス）に登場するジョン・テニエルによる有名な〝チェシャ猫〟の挿絵がそのまま印刷されている。

村上氏とチェシャ猫とのかかわりでは、一九八〇年発表された『１９７３年のピンボール』で、主人公である〝僕〟が付き合っていた女性〝直子〟に対し、

「神は様々な形にその姿を現される。」僕はそう言ってみた。直子は首を振って一人で笑った。成績表にずらりとAを並べた女子学生がよくやる笑い方だったが、それは奇妙に長い間僕の心に残った。まるで「不思議の国のアリス」に出てくるチェシャ猫のように、彼女が消えた後もその笑いだけが残っていた。

という一節がある。

また、著作に『世界の終りとハードボイルド・ワンダーランド』という小説があることからも、きっと村上氏は『アリス・イン・ワンダーランド』に対し強い思い入れや、インスパイアされることが多数あったに違いない。

村上氏は思い出深いかつての飼い猫の名前を店名にし、マッチ箱には猫つながりでお気に入りのチェシャ猫の図柄をプリントしたものと推測される。しかし、チェシャ猫の有名なイラストはその特異なキャラクターと共にスノッブな雰囲気はあるものの、

Peter-catのマッチ（表・裏）

挿絵がそのまま使用されていることに関し、僕は正直オリジナリティという意味でやや物足りなさを感じた。

マッチ箱の裏面には小さく丸文字で控えめに〝Music spot〟とさらっと書かれているだけで、Modern Jazz, Groove, Hard Driving, Swingといったジャズ喫茶であることを匂わせる単語、コピーもない。

「音楽はModern Jazzにこだわらない、でも音楽の店である」

と主張しているのであろう。たしかに僕の持参したフュージョンのレコードをかけてくれたのだから、看板に偽りなしだ。

あと、ブック型マッチの折り目の部分には電話番号が記載されているが、千駄ヶ谷の局番であることから国分寺から移転後、改めてマッチを作成したようだ。店は引っ越したにもかかわらず店の住所記載や地図がプリントされていないところが、押しつけがましくなく、そこがまた村上氏らしい。

ネットで「ピーター・キャット」を検索してみたら、なんと僕の所属していた大学のジャズ研の先輩である女性プロサックス奏者S・Hさんが、学生時代に千駄ヶ谷のPeter–catでバイトをしており、当時の思い出をブログに書いているのを発見。ちなみに僕は大学卒業後にその先輩と共通の友人の結婚披露宴で、チャーリー・パーカーの曲をデュオ演奏したことがある。

ブログの内容は、先輩がPeter-catのバイトを辞めることを告げないままなんとなく店に行かなくなり、そのままフェイドアウトしてしまったのにもかかわらず、最後のバイト代を村上氏が丁寧な手紙と共に郵送してくれたといったものであった。先輩にとってはあまり威張れた話ではないが、村上氏の律儀な性格をよく表したエピソードだと思う。

ブログからPeter-catとの意外なつながりも発見され、三〇年以上も昔のことながら当時の店を思い出し、懐かしさが込み上げてきた。

その時、この文章を書いているパソコンの横に置いてあったマッチ箱に描かれたチェシャ猫が、例のニヤニヤ笑いをしながら横目で僕の顔を見た。そしてしばらくすると猫は浮遊すると共にカラダはだんだん薄くなって消え、最後には顔も口も見えないのにニヤニヤ笑いだけが空中に漂っているのであった。

▼二〇二一年二月　追記

村上春樹氏は、七〇歳を過ぎても精力的に執筆活動をされているほか、二〇一八年八月から不定期に「村上ＲＡＤＩＯ」というＦＭ番組でＤＪを務めるなど大活躍だ。

また、渡辺貞夫氏の「SADAO 2019 Live at Blue Note Tokyo」というアルバムでは

ライナーノーツを執筆している。

Peter-catが入居していた建物／ 2021年２月撮影

## 6　魔力を持ったスタジアム／田園コロシアム

田園コロシアム、愛称〝田コロ〟。

田コロは、一九三六年に田園テニスクラブのメインスタジアムとして東京都大田区田園調布に建設されたが、テニスの試合のみならずプロレス、ボクシング、コンサートなどにも使用され、しかも歴史に残る名勝負や名演奏が行われたことで有名だ。プロレス会場としては、ジャンボ鶴田対ミル・マスカラス（一九七七年）、アンドレ・ザ・ジャイアント対スタン・ハンセン（一九八一年）。コンサートでは沢田研二が在籍していたザ・タイガース（一九七〇年、ライブLD、CD化）、チューリップ（一九七八年、ライブLP化）、チャゲ&飛鳥（ライブLP、CD化）などなど。

ドームではない屋外スタジアムのため冬季はほとんど使用できず、また、田園調布という高級住宅街の真ん中に位置するためイベントの開催制限もあったのか、年間興行回数は決して多くなかったにもかかわらず、これほど記憶に残るイベントが多数実施されたことは奇跡に近い。ある意味、昭和という時代を象徴するイベント会場のうちのひとつと言っても過言ではあるまい。

田コロはローマの有名な世界遺産〝コロセウム〟から取った名が示すように、すり鉢状のスタジアムで収容人数はアリーナ席も含めると約一万人。もともとテニスの試合観戦用に建設されたため、アリーナ部分は競技用テニスコート一面分のスペースしかとられておらず、野球のスタジアムに比べると非常に狭い。コンサートでの使用は設計時におそらく想定していなかったと思われるが、意外と音がいいとの評価を得ていた。また、リングやステージが設置されるアリーナ部分が狭いのに加え、スタンド席の勾配が非常に急であった。そのため出演者と観客との距離が近いのでイベントの一体感がより高まり、数々の名勝負・名演奏が生み出されたのかもしれない。

多くのジャズファンにとって田コロといえば、なんと言っても今や伝説となってしまった一九七七年から一九八一年までの五年間、日本の屋外ジャズフェスティバルの先駆けとして毎回超豪華アーティストを集め開催された「ライブ・アンダー・ザ・スカイ」（以下、ライブ・アンダー）だろう。

なおライブ・アンダーは野外ジャズフェスといっても、基本的にジャムセッションのプログラムを除けば一日の出演は一バンドだ。「フジ・ロック」や「サマー・ソニック」といったほかの野外音楽フェスティバルのように朝から晩までコンサート三

田園コロシアムにおけるライブ・アンダー・ザ・スカイ会場風景／ 1979年プログラムより（鯉沼ミュージック提供）

味というわけではなく、今までホールで開催していたコンサートを屋外の会場を利用し、日替わりの出演者で数日間にわたり実施するという形態なのだ。

しかし、周辺地域の騒音問題もあったようで、田コロでのライブ・アンダーは一九八一年（一九八二年は休止）を最後とし、一九八三年からは読売ランド・シアターイースト（以下、読売ランド）に会場が移され、一九九二年まで一〇年間継続して開催された。

開催された期間そのものは、読売ランドのほうが田コロよりもずっと長いのだが、僕はライブ・アンダーといえば田コロといった印象が強く残っている。

今改めて当時のライブ・アンダー出演アーティストをチェックしてみると、田コロ、読売ランド共に毎回素晴らしく豪華なメンバーであった。

ちなみに僕が個人的に最強と思っている第五回（一九八一年）に来日したのは、

- ソニー・ロリンズグループ／ソニー・ロリンズ（TS）、ジョージ・デューク（PI）、スタンリー・クラーク（B）、アル・フォスター（DS）
- チック・コリアグループ／チック・コリア（PI）、マイケル・ブレッカー（TS）、エディ・ゴメス（B）、ロイ・ヘインズ（DS）
- クラーク・デュークプロジェクト／スタンリー・クラーク（B）、ジョージ・デューク（KB）ほか

・パコ・デ・ルシア（G）グループ
・ハービー・ハンコック&カルロス・サンタナグループ／ハービー・ハンコック（KB）とカルロス・サンタナ（G）に加え、ウイントン・マルサリス（TP）、ロン・カーター（B）、トニー・ウィリアムス（DS）

といった具合だ。

ジャズファンであるならば、このメンバーを見ただけで涎が出て止まらないのでは。ここまですごい豪華メンバーが揃うのは信じられない。現在毎年開催されている「東京ジャズ」の五年ぶんくらいがぶっ飛んでしまうくらいの凄まじさだ。

いやあ、いい時代でしたね。

数多く繰り広げられたライブの中で特に有名なのが、第三回（一九七九年）のハイライト、豪雨の中で決行されたV.S.O.P.（ハービー・ハンコック、ウェイン・ショーター、フレディ・ハバード、ロン・カーター、トニー・ウィリアムス）の演奏であろう。その時録音されたライブ音源は「ライブ・アンダー・ザ・スカイ伝説」というタイトルでアルバムがリリースされている。

当時フュージョン・ミュージックも含め幅広い音楽活動を展開していたハービー・ハンコックが、最高のメンバーと久々にストレート・アヘッドなジャズに真っ向から向き合った演奏は緊張感に溢れまさに鳥肌モノ。さらにずぶ濡れの観客で埋まった会場の熱気が、雨音やミュージシャンの肉声、観客の歓声を通して伝わってくるなど実にエキサイティングだ。

ちなみに一曲目はハービー・ハンコックの有名なオリジナル曲である「ジ・アイ・オブ・ザ・ハリケーン」。まさにこのコンサートにぴったりの曲で始まるのが熱い。

ＣＤ版だとアンコール演奏前、場内アナウンスが、

「座ってください！　座らないと（アンコールを）やりませんよ」

と何回も絶叫しており、会場の盛り上がりと時代を感じさせる。

このアルバムは海外でも発売され高評価を得るとともに、「スイングジャーナル」誌のゴールドディスクにも選定されて、ジャズの名盤のうちの一枚に数えられている。

またライブ・アンダーにおける演奏はテレビやＦＭラジオで放送されていたので、僕はその音声のみをカセットに録音していた。当時はビデオデッキがやっと一般に普及し始めた時期であるが、高価であったので我が家にはまだなく、ラジカセを使用してテレビのスピーカーからの音声をカセットに録音するという涙ぐましい作業を行っていたのだ。

僕のライブ・アンダー体験は実は少なく、超豪華メンバーが集結した第五回（一九八一年）のチック・コリアグループ（田コロ）と、第六回（一九八三年）のウエ

ザー・リポート（読売ランド）の二回のみだ。なんとか最後の田コロ開催ライブ・アンダーには間に合ったわけだが、今さらながらもっと行っておけばよかったと後悔している。

一九八一年当時の僕は本格的にジャズを聴き始めて間もない頃で、まだチック・コリアの演奏といえば、「ナウ・ヒー・シングス、ナウ・ヒー・ソブス」に代表される本格派ジャズというより、耳になじみやすい「リターン・トゥー・フォーエバー」や「ライト・アズ・ア・フェザー」、クリスタルな彼のソロピアノやゲイリー・バートン（ＶＩＢ）とのデュオ演奏がお気に入りだった。ただ、今回のバンドには当時僕の所属していた大学のジャズ研内でも賛否両論（テクニックはすごいが好みではないという意見が多かった記憶あり）であったマイケル・ブレッカーがテナーサックスで参加しており、彼がチック・コリアグループでどのような演奏をするのか興味深かったのでチケットをゲットしたのだ。もちろん僕にとって初めての野外ジャズフェス・田コロ体験だ。

七月二三日、日本の夏特有の蒸し暑い夕方、といっても、まだ猛暑日という概念がない頃なので、耐えられないほどの暑さではない時代。僕はまだ明るいうちに東急東横線で田コロに向かった。チック・コリア雨男説もあったが、当日は幸いなことによく晴れており雨は避けられそうだ。いくら演奏が素晴らしくても、やはりずぶ濡れにはなりたくない。

自宅のある駅からほんの一〇分ほどで田園調布駅に到着。さらに改札から人の流れに乗って五分程度歩くと田コロが姿を現した。

会場内に足を踏み入れると、「あの有名な田コロってこんなに狭いんだ」というのが第一印象。僕が購入したのは一番安いスタンド席のチケットだったので、ステージを真横から見下ろすような場所だ。

音響的には今ひとつであるが、考えようによってはステージ上のミュージシャンとの距離が近いこと、そして何よりチックの背中越しに彼の指の動きを見ることが可能なのがうれしい。

アリーナ席にはパイプ椅子が運び込まれていたが、スタンド席というのはペンキで席の境界線が引かれているだけの、硬いコンクリートむき出しの階段に腰掛けるスタイル。ひとりぶんのスペースはとても狭く、足元は窮屈だった。当時の写真を見ても、観客同士が肩寄せあっているのがわかる。

開演まで席で座って待っていると、徐々に日が暮れてきて周囲が暗くなる一方、ステージ上のライトが明るく際立ってきていい感じだ。

六時半の開演時間間際になると、いつの間にか会場はぎっしりと若いジャズファンで埋めつくされ、まさに寿司詰め状態。一回席に座ってしまうとトイレに移動するの

ライブ・アンダー・ザ・スカイのチケット

も至難の業だ。とてもドリンクを買いにいくような余裕はない。

そしてまだ薄暗い黄昏時、開演のベルが鳴ると客席からの大歓声の中、チック・コリアがひとりで舞台袖から手を振りつつステージに登場。ゆっくりとピアノ椅子に腰掛けると、おもむろにソロ演奏を始めた。ファーストタッチで、チック・コリアの演奏であるとわかる澄んだピアノの音。そしてワンフレーズ演奏後に全ての観客は、彼のクリスタルな世界に引き込まれていた。緩急織り交ぜた長いフリーソロのあと、ジャズのスタンダードナンバー「星影のステラ」を演奏。テーマの最初の二音が演奏されるや否や客席から大喝采だ。

一五分ほどのピアノソロが終わる頃には、日も暮れてきて肌に心地いい夜風が吹いていた。

そして、いよいよマイケル・ブレッカー（TS）、エディ・ゴメス（B）、ロイ・ヘインズ（DS）のバンドメンバーがステージに登場。

リリカルなピアノソロとは打って変わり、エディとロイの強力なリズム隊をバックにマイケルがゴリゴリとしたテーマをブローする。ストレートアヘッドなニューアルバム「スリー・カルテッツ」のナンバーだ。途中、チックとベースのエディとの高速フレーズの応酬に会場全体がどよめいた。

観客は皆、終演までの約二時間、ずっと前のめりで音楽に神経を集中し、「一音たりとも聞き逃さないぞ」といった感じであった。

僕は田コロで開催されたライブ・アンダーと、読売ランドで開催されたライブ・アンダーは全く別のイベントであると認識している。それは単に会場の場所、収容人数の違いからだけではなく、観客のジャズを聴く、ジャズに向き合う姿勢が田コロと読売ランドでは大きく異なっていたからだ。

田コロのライブ・アンダーは、開放感はあるものの屋外会場としては狭く、ステージまでの距離が近いためかプレイヤーと観客の「真剣勝負」であった。通常のコンサートホールとは異なり会場内でドリンクを飲むのは可能だが、当時の本格派ジャズ喫茶同様に「談話禁止」といった雰囲気さえも感じられた。ある意味、超一流のアーティストによるライブ演奏という最高のソフトを備えたジャズ喫茶の最終的な完成型と言ってもいいかもしれない。

一方、読売ランドでのライブ・アンダーは、毎回出演者こそ田コロ時代同様に豪華絢爛であったが、田コロが「談話禁止・真剣勝負」だとしたら「リラックス」という言葉がキーワードではないだろうか。それまでの日本人ジャズファンの概念にあまりなかった、「メインストリームのジャズを寛ぎつつ楽しむ」という発想、考え方だ。

その「ジャズを寛ぎつつ楽しむ」という雰囲気を醸成した大きな要因のひとつは、

読売ランドの会場形態によると推測される。読売ランドはステージに対し観客席は広角でしかも傾斜がなだらか。後方には芝生席まである。サウンドはそれなりの音量をキープしてはいたが、田コロに比較し会場が広角のため音の指向性が弱く、スピーカー正面の席は別にして、サウンドがストレートに耳に届くというより、むしろ拡散してしまっていた。

もちろん、ステージ近くには従来の真剣勝負を主目的としたジャズファンも陣取っていたが、特に後方の芝生席となると演奏がＢＧＭに近いレベルの音量となってしまうこともあり緊張感が薄れ、横になってビールを飲んでいる人もいるなどゆるーい雰囲気。明らかに田コロの緊迫感とは異なっていた。

しかしマイルス・デイビスやウエザー・リポート、ソニー・ロリンズの生演奏をバックにのんびりとビールを飲みながら、横になってウトウトすることも可能なわけだから、ものすごく贅沢な行為だ。しかし、硬派のジャズファンには信じられない、いや許せない光景であろう。

僕が読売ランドで聴いたウエザー・リポートのライブも決して悪くはなかったと思うが、残念ながらあまり印象が残っていない。せいぜいジャコ・パストリアスの後任ベーシストのヴィクター・ベイリーが若いけど頑張っているなと思った程度だ。理由のひとつには、一九八〇年六月に新宿厚生年金会館ホールでジャコ・パストリアス、ピーター・アースキンが在籍していた全盛期と言われるウエザー・リポートを体験してしまっていることがあるのと、僕は椅子席であったが、やはり読売ランドの音圧の低さが原因ではなかろうか。ウエザー・リポートのようなエレクトリックのバンドでさえ会場で音圧をあまり感じられなかったとすると、アコースティックなジャズはもっと厳しかったのかもしれない。

なお、ピクニック気分でビールを飲みながらジャズを楽しむというコンセプトの、バドワイザーがスポンサーであった斑尾高原ジャズフェスティバルが、田コロにおけるライブ・アンダーの終焉に合わせたかのように、一九八二年から開催されたのは偶然なのであろうか。

ライブ・アンダーの会場が読売ランドに移転した一九八三年頃は、奇しくも音楽ソフトがＬＰからＣＤへまさに移行し始める時期だが、ジャズの聴き方そのものも変わりつつある状況をライブ・アンダー自身が示唆していたようにも思える。

もちろんレコードに比べ小型かつ扱いが簡単で、しかも小音量で聞いてもそこそこの音質で楽しめるＣＤの登場は、より多くの人々が手軽に音楽を楽しむことを可能としたが、聴く姿勢を大きく変化させたことを見逃すことはできない。

手軽にリラックスしてジャズを聴く（聞く）という新たな提案は、ジャズ鑑賞のハードルを低くしたのだが、それがどんどんエスカレートしていき、ジャズはある意味〝こだわりの音楽〟というジャンルから（あくまでも私見だが）、ポール・モーリアやパーシー・フェイス、リチャード・クレイダーマン等のカテゴリーであったイージー・リスニングに近づいてきてしまった。つまり、大音量で聴き込む音楽としてだけではなく、小さなボリュームで聞き流すお洒落なＢＧＭという消費の仕方も許容するようになっていったと言えよう。

この本を執筆している二〇一〇年代に至っては、バーはもちろん、居酒屋、食堂、ラーメン屋、すし屋といった飲食店以外にも、本屋、雑貨屋、美容院、理髪店、ホテルのエレベータ内などなど日本中いたるところにジャズが溢れかえっている。しかしジャズブーム、ジャズライブが盛況、ＣＤ販売好調、ジャズファンが増加といったニュースは聞いたことがない。ジャズ・スポット以外でのジャズは、手軽で耳あたりのよいＢＧＭとして消費されているように思える。

一方、昔ながらの大音量でジャズを聴かせるジャズ喫茶の多くは、瀕死状態だ。本格派ジャズ喫茶に行くと客はほとんどが中高年の男性で、若い男女はほとんど見られない。というよりも、そもそも自分以外に客がいないことが多い。残念ながらジャズ喫茶はすでに過去の遺物、化石、マイク・モラスキー氏の『ジャズ喫茶論』で言うところの〝博物館〟となりつつあるというか、なってしまった。

しかし、これほどジャズが厳しい状況であるのがわかっていながら、青春時代をジャズ喫茶で過ごした団塊の世代が、退職後に自らジャズ喫茶を始めたという話をよく聞く。僕はもちろん、そのようなお店を応援したいので、できる限り訪問しているが、経営的には厳しそうなお店が多い。

好きなジャズに囲まれて暮らしたいという気持ちはわからなくもないが、そういった店がわずか数年で閉店してしまうのをみるにつけ、ジャズ喫茶に限らないが、商売の厳しさ、理想と現実のギャップ等々、複雑な気持ちとなるのだ。

いずれにせよ人々の音楽に対する姿勢や楽しみ方、若者の嗜好の変化、社会情勢等、さまざまな要素が影響しているのは理解できるのだが、ジャズ人気が長期低落傾向にあることは非常に残念なことだ。

田コロは老朽化に伴い一九八九年に惜しまれつつ解体。現在跡地には超高級マンションが建っている。そして、そのマンションの傍らに「田コロ児童公園」という間口一〇メートル、奥行き一五メートルほどの遊具もないお年寄りの散歩の休憩所のような小さな公園がかろうじて由緒ある田コロの名前を受け継いで、ひっそりと佇んでいるのだ。

田コロ児童公園／ 2012年8月撮影

では二一世紀、田コロに代わる屋外イベント会場はどこなのであろうか?

コロシアムという名前つながりでは、やはりテニスの会場である有明コロシアムが挙げられるが、テニス以外のイベントで盛り上がったという話を僕は聞いたことがない。また、完成から二〇年以上経過しているが、〝有コロ〟や〝明コロ〟といったニックネームもなく、いまだに何かよそよそしい感じがする。

田コロはその語感のよさもあるが、昭和の時代にその名前は燦然と輝き、その名を聞くだけでジャズファンのみならず、音楽ファン、格闘技ファンなど多くの人をワクワクさせる何かを持っていた。

田コロが取り壊されてからすでに二〇年以上経過するが、田コロを継承するような魔力を持ったスタジアムがいまだに存在しないことは悲しいことだ。

▼二〇二一年二月　追記
このコメントを書いていたまさにその日、二〇二一年二月一二日、チック・コリアの訃報が伝えられた。二月九日に米フロリダ州の自宅にて、ガンで亡くなったそうだ。

僕にとっての田コロが、また少し遠くなった気がする。

享年七九歳。ご冥福をお祈りします。

## 7　バイトとジャズの日々／六本木　Ballantine's

一九八〇年頃（昭和五〇年代中頃）、巷では戦後何回目かのジャズブーム到来と言われていた。

当時は音楽としてのジャズが注目されたのみならず、女性を含むジャズマンがタレントとしても脚光を浴びたのが特徴。僕が記憶しているテレビコマーシャルに出演したジャズマンを列挙してみると、渡辺貞夫（ＡＳ）が資生堂ブラバスで草刈正雄と共演、日野皓正（ＴＰ）がサントリー・ホワイト、本田竹広（ＰＩ）と峰厚介（ＴＳ）が在籍し、「スーパーサファリ」が大ヒットしたネイティブ・サンがマクセルのカセットテープ、阿川泰子がコピー機メーカーのミタなどなど、まさに百花繚乱であった。もちろん脚光を浴びたのは数多くのジャズマンの中のごくごく一部だが、かつてはありえなかったことだ。それまでのジャズマンのイメージはどちらかというと男臭くて、求道的だったのが、この時ばかりは洗練されたカッコいいオトナへと激変したのだ。

ほかにも二〇歳前の新人タレントがジャズシンガーとしてレコードデビューと同時に水着写真集を刊行。さらに深夜番組の司会者となって注目を浴びたり、有名女優が突然ジャズ歌手になりレコードデビュー等々。正統派ジャズファンからすれば無法地帯、もう呆れて開いた口が塞がらないような、売るためならば何（難）でもありの世界もあった。それらは、ジャズブームに当て込んだ芸能プロダクションの意向だったのだろうから、彼女達に罪はないのだが。

ちなみにそんな女性ジャズシンガーは皆こぞって、オジサマ受けを狙い「フライ・ミー・トゥー・ザ・ムーン」とか、「ムーン・リバー」を歌っていたような気がする。しかし、この二曲はジャズと言っていいのだろうか？　個人的にはちょっと疑問だ。ただ、流行に便乗したジャズシンガーもどきは一時話題にはなっても、結局売れずに消えていったので、一応、日本の音楽、ジャズファンにも最低限の良心があったと胸を撫で下ろしたものだ。

あとジャズブームに貢献したという意味で忘れてはならないのが、純粋なジャズの番組ではないが、一九八一年四月から一九八九年まで九年間近くにわたり、毎週土曜夜一一時に日本テレビ系列で放映されていた「今夜は最高！」だ。

深夜枠にもかかわらず視聴率二〇％超えもあった人気番組だったので、ご覧になった方も多いはず。タモリと、女性と男性ゲスト各一名によるトーク、コントをしたあと、コルゲンバンドをバックにスタンダード曲中心に二、三曲歌うといった内容だった。

最後の曲を歌い終わったところで、女性ゲストが男性ゲストに、

「ところで●●さん、今のご気分は？」と問いかけるので、

「今夜は最高！」

と決めのセリフを言って、エンディングといった具合だ。

さらにエンドロールでは、タモリが毎回女性ゲストをあの手この手でデートに誘うのだが、毎回違うパターンであえなく撃沈するというお約束のコントがあり、最後の最後まで見逃せなかった。

歌唱コーナーではタモリのトランペット演奏も時折披露されるほか、コントコーナーにコルゲンバンドのメンバーである鈴木宏昌（KEY）、中村誠一（TS）、岡沢章（EB）、渡嘉敷祐一（DS）等も登場するなど、ジャズファンにとっては見所満載。とにかく良質なオトナのバラエティ番組で本当におもしろかった。

ジャズは、ややもすると難しい音楽というイメージがあるが、この番組がきっかけでジャズの楽しさを知り、ジャズファンになったという方もいたかもしれない。

毎週は無理でも、たまには特番として復活して欲しい。

当時、特に流行に敏感な六本木では、ジャズのライブ演奏を聴かせるクラブやライブハウスが乱立、ひしめきあっていた。

僕が行ったことがある店だけでも、旧防衛庁そばの隠れ家 MISTY、飯倉交差点近くの Pit inn、六本木駅徒歩〇分の Body & Soul、俳優座ビル三階の Satin Doll、ジャズシンガーである稲葉京さんの城とも言える Nero Bianco。

ほかにもスクエアビル地下の世良譲トリオが週一回レギュラー出演していた Bird Land、ロアビル横のミンゴスムジコ、Alfie、After 6、マイヨールなどなど。あと、今となっては信じられないがバニーガールが多数在籍していたジャズクラブのチェーン店、G7 六本木店なんかも人気だったようだ。

しかし、昭和から平成となってすでに二〇年以上経過した現在、これらジャズクラブのほとんどがすでに閉店、または六本木から他地域へ移転してしまった。

一方、新規のライブハウスもときどきオープンしているようだが、定着する前に閉店してしまうケースが多いように思う。六本木でジャズを有線やＣＤでＢＧＭとして流しているレストランやバーはそれこそ数多く存在するが、オトナが手頃な価格でリラックスしつつ高品質なライブを楽しめるジャズクラブは逆に減少しているように思われて寂しい限りだ。

そんなジャズブームであった昭和の時代に大学のジャズ研に入部し、ジャズピアノ演奏にはまっていた僕は、大学一年の夏頃から、およそ一年半、週三日程度Ballantine's（バランタイン）という六本木のジャズクラブでウエイターのバイトをしていた。

Ballantine'sの店名はその名のとおり、有名なスコッチウイスキーを由来とする。スコットランドといえばバグパイプの本場で、ジャズとはどういう関係なのか、といったことに関して深く突っ込んではいけない。要するに店は当時Ballantine'sの輸入代理店であった明治屋とタイアップし、ウイスキーに関してはBallantine'sしか扱わないかわりに安く仕入れていたらしい。それがたまたまスコッチウイスキーであっただけのことなのだ。

「明治屋もせっかく、六本木の一流ジャズクラブとタイアップしたのだから、店を定期的に雑誌広告や記事で紹介するなどのプロモーションをすれば、スコッチウイスキーBallantine'sのイメージがアップし、売上げ増につながるのに」

といったことを僕はバイトの身でありながら、ときどき思っていた。

ちなみに、店のマッチはブックタイプで、おもて面にはBallantine'sのロゴマークをそのまま使用。裏面には〝PUB RESTAURANT Ballantine's〟と記載されている。

ジャズクラブのメニューは、ドリンクと簡単なつまみのみなのが普通であったが

Ballantine'sのマッチ（表・裏）

（ピットインのカレーライスは有名であったが）、Ballantine'sはフードメニューも充実していた。今でこそブルーノート東京をはじめ、食事のできるジャズクラブも珍しくないが、Ballantine'sはきちんとした食事を出すジャズクラブの先駆けであったと言える。それであえて〝PUB RESTAURANT〟と明示していたのであろう。しかし一流ジャズマンが毎日演奏しているのに、ジャズの文字が全く入っていないのはちょっと悲しい。

僕がBallantine'sでバイトを始めた理由は、六本木が自宅からそんなに遠くないこと、時給が八〇〇円と当時としては非常によかったこと、そして何よりジャズのライブ演奏に浸れるからだ。最初はジャズ以外にもフュージョン・ミュージックやポップスライブもある一九八一年夏にオープンしたばかりの姉妹店〝Ballantine's 2〟で働いたのだが、ジャズが好きであることを理由に三ヶ月ほど経ったあと、フォービートジャズ専門の〝Ballantine's〟勤務にしてもらった。

店のオーナーはTさんといい、Ballantine'sの二店以外にも斑尾にペンションも経営していた実業家なのだが、札幌オリンピックではリュージュの日本代表であったという変わった経歴の持ち主だ。

最初に働いたBallantine's 2はビートルズ専門のライブハウスであるキャバーンクラブや、華麗なニューハーフショーで有名なラキラキなどと同じ防衛庁の向かい側の賑々しいビルの五階に入居していた。ライブ演奏以外にも、低音に椅子が反応し振動するシステムであるボディソニックが全席に設置され、ライブの合間には発売されたばかりであったレーザーディスクが上映されるのがお店の〝売り〟だったのだ。

一方、Ballantine'sは同じ外苑東通り沿いのホテルアイビス隣ながら、一階が酒屋の古い七階建雑居ビルの二階で営業していた。グランドピアノの周りにピアノカウンター一〇席と八卓ほどのテーブル席がある、計三〇席ほどのこぢんまりとした居心地のいいジャズクラブだ。

一九七二年にオープンし、タモリも何回か来店したそうだが、僕は残念ながら遭遇したことはない。タモリが店内で素っ裸になり、ヤモリのまねをして窓ガラスにへばりついたという伝説を店長から聞いたことがある。

ライブはピアノトリオ・プラス・女性ボーカルが基本で、チャージは通常一五〇〇円。Bllantine's Finestのボトルキープは三ヶ月有効で五五〇〇円だった。六本木のジャズクラブの料金としては、まあ標準的で、ボトルが入っていれば二〇〇〇円くらいでライブを楽しめるのだから悪くはない。普通のサラリーマンでも十分通える店だ。

しかし当時、酒屋でBallantine's Finestは通常三八〇〇円で販売されていたが、最近はいくら円高の影響とはいえ酒のディスカウントストアで同じモノが一〇〇〇円を切る価格で販売されており、舶来ウイスキーが高級品だった頃を知る身にとっては隔世の感がする。

バイトは夕方六時までに出勤。三〇分間ほど店内の掃除をし、賄いで食事をすませ七時に店を開ける。八時過ぎから一二時過ぎまで通常一回四五分程度のライブが三回行われるが、バイトは一一時半で上がり電車で帰宅。席数は三〇席とそれほど多くないのだが、満席になることは滅多になかった。また、ライブ演奏中は基本的にオーダーを取らないので、じっくり音楽を聴くことが可能だったのがうれしい。

そして一年半のバイト期間中に、阿川泰子、マリーン、金子晴美、中本マリなど当時、日本で活躍していたほとんどの女性ジャズシンガーの歌を生で聴くことができたのはもちろん、開店前のサウンドチェック後の空き時間や休憩時間に、彼女たちとちょっとした会話ができたのもいい思い出だ。

その中でも、美人ジャズシンガーとして特に人気のあった阿川泰子のステージが印象に残っている。彼女は「ネクタイ族のアイドル」と呼ばれ、雑誌での露出、テレビコマーシャル出演などにより、日本のジャズ史において世間一般にも知られた数少ない女性ジャズシンガーのうちのひとりだ。

ところが大学のジャズ研部員の特性として一種マイナー志向があり、美人が好きなくせにジャズ歌手が美人であると逆に評価が低くなる傾向がある。しかも阿川泰子自身声量はあまりなく、音程は若干不安定。しかも本格派ジャズシンガーというより、ジャズも歌うポップシンガーといった立ち位置でもあったため、ジャズ研内の評価は芳しくなかった。いくら美人でも阿川泰子のファンであるとは表立って言えない雰囲気だ。そして、僕も彼女に対してどちらかというとそんな先入観を持っていた。

しかし、実際に彼女のライブを至近距離で体験すると、そんなことはどうでもよくなってしまった。

彼女はステージに上がる直前に、「どきどきしちゃう。どうしよう」なんてことをニコニコしながらバイトの僕に言ったあと、深呼吸しステージに向かう。すごい美人なんだけれど、これが無茶苦茶可愛い。ところが、いざマイクを持つと一瞬でジャズシンガーというよりむしろ女優になりきり、店内を自分の世界にワープさせてしまったのだ。黒いロングドレスをまとい、表情はもちろん、視線、あごの角度、指先まで神経が行き届き、それぞれの曲において自分がどのように見られるかを常に意識したうえで、歌を自分なりに咀嚼し観客に提示していた。明らかに観客を惹き付けるオーラはほかの歌手とは別次元で、単なる美人であることだけを売り物にしたジャズシンガーではないと僕はいたく感激した。

また半年に一回程度、外国人アーティストによるスペシャルライブも企画され、アニタ・オデイ、モンティ・アレキサンダー、トミー・フラナガン、ボビー・エンリケスなどが出演した。

特に僕の一番好きなピアニストであるトミー・フラナガンのソロ演奏を生音で、しかも至近距離で聴けたのは素晴らしい体験だった。

ソロ演奏にもかかわらず圧倒的なスイング感。そして、バイト中に日々聴いている同じグランドピアノを使用した演奏でありながら、彼の奏でる音はほかの日本人ピアニストとは全く別世界の美しいサウンドだった。

その日、僕はバイトの身でありながら彼の代表作のひとつであり名盤中の名盤として有名なアルバム「オーバーシーズ」から、「チェルシー・ブリッジ」をこっそりとリクエストしたところ、快く演奏してくれた。「オーバーシーズ」での演奏と同様の構成で、途中、低音域によるブロックコード（和音）を使用したアドリブ展開をしたのだが、全ての指が鍵盤に対し極めて高いレベルで神経が行き届いているためだろうか、信じられないことにひとつひとつの音が全く濁らずに澄んだ極上のサウンドを醸し出しつつ、抜群にスイングしていた。

まさに名手と言うにふさわしい演奏で、この一曲だけでも八〇〇〇円のミュージックチャージを支払う価値が十分あると思った。その日はバイトをしながらトミー・フラナガンのピアノ演奏をしっかり二ステージ堪能。さらに自分のリクエストを演奏してもらい、持参した「オーバーシーズ」のレコードジャケットにサインをしてもらったという、最高にハッピーな夜となった。

東京でのライブから三年後、一九八六年の夏休みに僕は観光でニューヨークを訪れた。到着した翌日、現地新聞のイベント欄に「トミー・フラナガン&ジョージ・ムラーツデュオライブ」というビッグな情報を発見。

ジョージ・ムラーツはチェコ人の超絶テクニックを持つベーシストで、オスカー・ピーターソンや、マッコイ・タイナー、ハンク・ジョーンズ等、超一流のピアニストと共演。一九八〇年代はトミー・フラナガンのレギュラーベーシストとして活躍しており、名盤「エクリプソ」の録音にも参加している。

トミー・フラナガンと、脂の乗りきった名ベーシストであるジョージ・ムラーツのデュオという素晴らしい組み合わせのライブに僕は非常に期待して、会場であるマンハッタンのイタリアン・レストランへ向かったのだ。入り口で食事ではなくライブを聴きに来たことを告げると、ピアノ近くのカウンター席に案内された。店内はテーブルが五〇卓以上ある広いレストランなのだが、すでに白人中心の気取ったニューヨーカー達でほぼ満席。

しかし、そんなに広い店であるにもかかわらずステージらしいステージはなく、バーカウンターの傍らにグランドピアノとウッドベース、ポリトーンの小型ベースアンプがポツンと置かれているのみだった。ピアノにはマイクを突っ込んでいなかったから生音のようだ。若干の不安を感じつつ、僕はバーカウンターのグランドピアノ寄りのスツールに腰を掛けてビールをオーダー。

しばらくしてライブが始まったのだが、とにかく店内が騒がしい。ほとんどの客は食事とおしゃべりに夢中で彼らの演奏を聴いておらず、単なる雰囲気のいいＢＧＭとなっていた。というかピアノから離れたテーブルでは、演奏そのものがろくに聞こえなかったと思われる。

「お前ら、いったい誰が演奏していると思っているんだ。この演奏の素晴らしさがわからんのか。あほんだら！」

と、客に向かって何度叫びたくなったことか。

曲の合間にバーカウンターに腰掛けている七、八名の客を見回すと、なんと恐らく全員日本人。きっと彼らは僕と同様にトミーとジョージの演奏を聴くのを目的で来店したに違いない。

「ここはBallantine'sか」

と思わずつぶやきたくなってしまった。

たぶん、バーカウンターの日本人以外の客は、名ピアニストであるトミー・フラナガンも、超絶テクニックのベーシスト、ジョージ・ムラーツのことも、ろくに知らないのであろう。まあ、イタリアン・レストランでジャズを聴こうなんてことをすること自体が間違っていたと思って、あきらめるしかない。

しかし、これがある意味ニューヨークにおけるジャズの現実なのかと納得しつつも落胆したのだ。まあビル・エヴァンスの名盤「ワルツ・フォー・デビー」でも約五〇年前の話し声やグラスがぶつかる音が聞かれるが、きっと同様の状況であったのだろう。

唯一の救いはライブの合間にトミーと彼の奥さんを交え、東京でのライブに関する会話をしたこと。まあ今となってはいい思い出だ。

その後二〇〇一年に彼が亡くなるまで、東京のアメリカンクラブにおける演奏等、何回か彼の生演奏に接する機会があったが、Ballantine'sで聴いた演奏は、名盤「オーバーシーズ」における演奏に勝るとも劣らない素晴らしいものであったと僕は確信している。

近年、東京に限らず全国的にジャズ喫茶やジャズバーの狭い店内にアップライトピアノを設置し、週末中心に簡易PAシステムでライブ演奏を聴かせる店が増加しているように思う。しかし、その店の常連でなければ、どうも居心地が悪い気がするのは自分だけであろうか。いくら間近で演奏を楽しめるとはいえ、チャージだけでも三〇〇〇円など結構いい値段であることも多く、プラッと入り、さらっと聴いて帰るにはちと高い。また、ピアノを演奏する立場からすると、それだけのお金を払っていて調律の甘いアップライトピアノ使用ではどうも納得がいかないし、さらにPAシステムがイマイチであったりするとさらに悲しい。また、スペースと防音問題からかドラムレスも多く、なんとなく損した気分だ。

まあ、ジャズの店も経営が厳しい中、ほかのバーとの差別化、売上利益増、顧客拡大などの諸々の思惑のうえで、ライブを実施しているのであろうが、知り合いが出演していて義理で聞きに行く以外、残念ながら個人的にはそのような店に積極的に行こうとは思わない。

一方、海外トップアーティストが出演するブルーノートは、出演者の豪華さ、演奏、音響等素晴らしいものの、頻繁に行くのには財布が許さないいし、営業上仕方ないのだろうが、基本的にステージごとの入れ替え制ではやっぱり寛げないのが残念。

しかし、ジャズに限らず欧米はもちろん、東南アジアにでさえ多数ある気軽に一〇ドル以下のチャージ、プラス、チップで楽しめるようなライブクラブ、ライブバーが、何故東京にあまりないのであろうか。いまだに日本には気軽に音楽を楽しむ文化がないということだとすると、ちょっと寂しい話だ。

バイトをやめたあとも、Ballantine'sに顔を出すと、チャージなしのドリンク代のみでジャズライブを楽しませてもらうなど、僕にとってはまさに〝ホーム〟と言えるジャズクラブだった。

オーナーであったTさんのホームページによると、一九八五年頃に、Tさんは、Ballantine'sも含め店を全て閉めニューヨークへ移住し、現在はハーレム地区観光ツアーなどの仕事に携わり元気に暮らしているようだ。

▼二〇二一年二月　追記

一九八〇年前後、六本木界隈ではあれほど多くのジャズクラブが賑わっていたのに、二〇二一年現在、ネットで調べるとAlfieなどわずかに三店程度しか営業していない模様。かといってジャズクラブ以外のライブハウスが増えているわけでもなく、ディスコも激減。令和の時代となっても日本人にとって、音楽を気軽に楽しむという文化は定着していないようだ。

## 8　マイルスの真骨頂、空白の五分間／新宿西口広場

東京都西新宿。一九七一年の京王プラザホテル開業を皮切りに、いまや三〇階建て以上の超高層ビルだけでも二〇棟以上林立している、日本を代表するオフィス・高級ホテル街だ。

それらのビル群の中でも、その個性的なデザインからひときわ異彩を放っているのが、一九九〇年に竣工した丹下健三氏設計による東京都庁ビルだ。新宿駅から徒歩五分程度の便利なロケーションでありながら、無料で都内を一望できる高さ二〇二メートルの展望室は穴場。二五〇〇円の入場料を払い、長時間待って東京スカイツリーの展望台に上るよりお得かもしれない。

ただ、僕にとってそこは都庁が建設される前、まだ新宿西口広場と呼ばれていた頃、マイルス・デイビスのコンサートを体験した思い出の場所なのだ。

一九八一年夏、交通事故による音楽活動停止から約六年、不死鳥の如くアルバム

「ザ・マン・ウイズ・ザ・ホーン」でカムバックを果たしたジャズ界の「帝王」マイルス・デイビスの日本ツアーが発表された。その情報が流れた時、僕を含めどれほど多くのジャズファンが興奮したことであろうか。

一九六〇年代のハービー・ハンコック（PI）、ウェイン・ショーター（TS）、ロン・カーター（B）、トニー・ウィリアムス（DS）在籍時のマイルス・デイビス・クインテットがジャズ史上最高のバンドであったと信じて疑わない僕は、エレクトリックサウンドの「ザ・マン・ウイズ・ザ・ホーン」を聴いてはみたものの若干の違和感があり、正直「ビッチェズ・ブリュー」等と同様に少し距離を置いていた。

しかし当時一九歳であった自分にとっては、人生初の〝生〟マイルスライブを体験できるまたとないチャンスだ。この貴重な機会を逃す理由はなく、早速チケットを購入。その後はコンサートへの期待に胸を膨らませて日々を過ごしていた。

そして、いよいよ日本ツアー初日である一九八一年一〇月二日、僕は新宿駅でジャズ研の友人一〇人ほどと待ち合わせたあと、会場である新宿西口広場に向かった。

新宿西口広場は青梅街道と甲州街道に挟まれたエリアの一画だが、周囲にはすでに住友三角ビルや小田急センチュリービル、京王プラザホテルといった超高層ビルが一〇棟近く林立していた。ただし広場といっても別に公園のように整備されているわけではなく、ビルの谷間に雑草がまばらに生えたがらんとした広大な空き地だった。

季節は一〇月初旬で、すでに秋。コンサート当日は夕方になると上着なしでは、いられないほど屋外は気温が下がっていたうえに、高層ビルの影響もあり風が強く体感温度はさらに低く感じる。風よけやテントを張っているわけではない屋外コンサート会場はまさに吹きっさらしだ。もちろん焚き火など暖房設備の準備はない。

会場に到着した時はまだ日が残っていたが、開演直前には暗くなり周囲の高層ビルの多くの窓には蛍光灯の明かりが灯っている。僕らはあらかじめ防寒対策をしてきたものの、コンサート開始前にはすでに足元は冷え切っていた。もしこれで雨でも降ってきたら最悪だ。

このような環境下、交通事故のため長いこと休養していたマイルスは本当にステージに登場し、演奏可能なのか？　一抹の不安がよぎる。

今回の日本ツアーは主催・FM東京、共催・味の素。そのためコンサート名が「FMフェスティバル、アルギンZスペシャル　マイルス・デイビス・イン・ジャパン」とやたら長い。ときどき流れる場内アナウンスのお姉さんも大変そうだ。

コンサート開始までまだ若干時間があったので、寒さから気を紛らわせるためも兼ねて記念にプログラムを購入。三〇年以上経った今となってはお宝かもしれない。プログラムの内容はマイルス復活までの簡単な経緯、バンドメンバー紹介、ディスコグラフィー等で特に新しい情報もなく、なんてことはないものだった。広告ページにジャズとは全く関係のない若かりし頃の中村雅俊が若い女の子に向かってアルギンZを持って微笑んでいるのはご愛嬌。とにかく、マイルスにはアルギンZでもなんでも飲んでいただいて、元気な状態で演奏してもらいたいものだ。

そして午後六時。ほぼ定刻どおりにマイルスバンドのメンバーであるビル・エヴァンス（TS、SS）、マイク・スターン（EG）、マーカス・ミラー（EB）、アル・フォスター（DS）、ミノ・シネル（PERC）の五人がステージ上に現れ、大音量で強烈なビートを紡ぎだす。それはエレクトリックサウンドだが、ロックでもフュージョンでもない。緊張感溢れる新しい〝マイルス・ミュージック〟だ。

そのグルーヴを全身で浴びているうちに、マイルス登場への期待が高まり、心臓の鼓動が徐々に激しくなるのを感じる。

すると間もなく舞台下手からミュートとピックアップマイクを装着したトランペットを携えた御大・マイルスが下を向き、たぶん二〇センチほどの狭い歩幅でトボトボと足を引きずりつつ歩いて現れた。

その姿には生気が感じられず、まるで病院内を徘徊する老人のようにも見える。

会場内はまずは無事マイルスがステージに登場したという安堵感と、「こんな半病人のような体調でマイルスは本当にトランペットを吹けるのであろうか？」という不安が交錯し、一種異様な空気が漂っていた。

さらに五分近くマイルス抜きでの演奏が続く。

マイルスはトランペットを吹かずステージ上を徘徊する。

会場全体がバンドでもっとも重要かつ、そして最後のピースであるマイルスのトランペットを渇望しているのを肌で感じる。

固唾を飲むというのは、まさにこのような状態だ。

そして、その飢餓感が最高潮に達した時、マイルスはステージ中央付近でついに最初の一音を発する。

ミュートを装着していることもあり、どちらかというと弱々しい小さい音であったが、会場内はそれだけで大歓声が上がった。

このコンサート、いや今回の日本ツアーにおけるマイルスのファーストサウンドだ。

まずは〝生〟のマイルスサウンドを体験するという所期の目的を僕は無事達成した。


ところで今回のコンサート会場である新宿西口広場は、一般道から若干距離があるものの、仕切りやテントといった目隠しなど視界を遮るモノは一切なく、誰でも会場外からライブを見通すことが可能であった。そのうえ、マイルスバンドが演奏する大音量のエレクトリックサウンドは当然西新宿の高層ビル街中に響き渡っている。マイルスファンならずとも、いったい何事が起きているのか気になって当然で、隣接する路上に多くの人々が集まっていた、というか鈴なりの状態だ。そのため係員がメガホン片手に、

「立ち止まらないで進んでください！」

といったアナウンスをコンサートの最中にのべつまくなしに、注意をしているという異常事態だった。警備員の怒号はマイルスに、そして六五〇〇円という決して安くないチケットを購入した観客に大変失礼、迷惑千万だ。コンサート中にこのような状況に遭遇したのは後にも先にもこれ一回だ。

しかし、今となって思えば公道を歩いている人に対し、警備員はなんの法的根拠のもとに立ち止まることを禁止したのであろうか？　新宿のビルの谷間でコンサート実施を企画した段階で、当然このような事態は事前に想定されたはずだ。

振り返ってみると、マイルスの復帰作である「ザ・マン・ウイズ・ザ・ホーン」は一九八一年三月から五月にかけてレコーディングされ、七月にリリース。そしていきなり一〇月に日本ツアー実施という、極めてあわただしいスケジュールであった。おそらくマイルスサイドからのコンサート実施のオファーも、レコーディングが終了した五月以降であったのではないか。そのため都内で適当なコンサート会場を確保できず、たまたま空いていたというか、そもそもコンサート会場ではない新宿西口広場と

いう空き地に仮設ステージを設営し、パイプ椅子を並べ、コンサートを開催したのであろう。しかし当日の天候も含め、あまりにひどい演奏環境であった。

どう見ても体調的にステージに上がれる状態には見えないマイルスは、相変わらずトランペットを弱々しく吹きながらステージ上を休むことなくずっと徘徊した。途中ミュートをはずしてブローすると、その瞬間、会場はどよめいた。しかし、ハイ・トーンはほとんど吹けず、それでも必死にソロを取るマイルスは見ていて痛々しくつらかった。

実際、コンサート当日マイルスは肺炎を患っており、とてもステージに上がれる状態ではなかったらしい。さらに以前起こしたバイク事故の後遺症が再発し激痛に耐えながらの演奏で、休むと足が痛むため歩き続けていたという情報もあとから知った。

そして日本ツアー終了後、ニューヨークの空港に到着するとそのまま直接病院へ向かい、入院したとのことだ。

マイルス本人のトランペット演奏は最悪の体調のためはっきり言って残念な結果であったが、バンドの演奏自体はマーカス・ミラー、アル・フォスターの強力なリズム隊が重いビートでバンドの根幹をがっちり支え、マイク・スターンのギター、ビル・エヴァンスのサックスが縦横無尽に展開するという素晴らしい内容であった。特にまだ無名だったマイク・スターンのプレイは、新しいギターヒーローの誕生を予感させた。

しかし、今でこそジャズ界を代表する超大物アーティストとなったマイク・スターンとマーカス・ミラーだが、当時はまだ駆け出しの若手アーティストのためか、素晴らしいパフォーマンスであったのにもかかわらず、日本のジャズマスコミはマイルスの体調が悪かったことばかりクローズアップし、特にマイクの演奏に関しては評価する、しない以前にコメントさえしない場合が多かった。

ちなみにマイク本人から聞いたのだが、彼は、一九七六年にブラスロックバンド、ブラッド・スウェット＆ティアーズのメンバーとして来日経験はあるものの、ジャズギタリストとして来日したのはこのツアーが初めてだったそうだ。

マイクはフェンダー・ストラトキャスターモデル（この当時はフェンダー・テレキャスターやヤマハのマイク・スターンモデルではなくストラトキャスターを使用）を抱え、当時太っていたカラダ全体を大きく揺らし、長い髪を振り乱しつつ、軽く歪ませたダークなトーンを駆使してマイルスバンドの緊張感あふれる空間に対し荒削りながら真正面から立ち向かい、そして切り裂くが如く、自分の思いどおり自由自在に飛翔していたのだ。

マイルスのソロ演奏時のバッキングも同様に、なんら臆することなく挑発し、立ち向かっていくのは聴いていて実に気持ちがいい。

ただ、ギターそのもののサウンドをライブアルバム「ウィ・ウォント・マイルス」で再確認すると、現在使用しているヤマハ製マイク・スターンモデル（PAC1511MS）のギターに比べ全般に線が細く、特にハイポジションにおけるチョーキング時のサウンドが若干薄っぺらな印象だ。

マイルスは当時マイクに対し、「ジミ・ヘンドリックスのようにギターを演奏しろ」と指示していたとのこと。

もちろんマイクのプレイスタイルはジミヘンとは異なるのだが、その奔放で果敢な演奏は、まさにジミヘンがマイクに憑依したかのようにさえ感じられる。曲のポイント、ポイントはマイルスが指示していたとはいえ、マイクのギターがマーカスのベースと共にバンド全体の方向性、主張、カラーを彩っているように感じられるほど素晴らしい内容だった。

それにもかかわらずライブアルバム発売時も含め、マイクのプレイがあまり評価されなかったのは、当時のジャズ評論家と言われる人々にとって髪が長い無名の若手白人ギタリストが、ロックギターであるストラトキャスターにディストーションをかけて音を発した瞬間に、拒絶反応を起こしてしまい、演奏の良し悪しを判断することが不可能となったのではなかろうか。ウエス・モンゴメリー、ジョー・パスといった

「WE WANT MILES」のジャケット
／ソニー・ミュージックジャパンイ
ンターナショナル（SRCS-9763～4）

ジャズジャイアントとはもちろん、ラリー・コリエル、ジョン・マクラフリンといった当時人気のあったコンテンポラリージャズギタリストともルックス、演奏スタイル、使用楽器さえも大きく異なっていたことにより、音楽、演奏がどうこう言う以前に、マイクというアーティスト個人に対し思考停止状態となったことは想像に難くない。

まあ日本以外、海外でも「場違いなヘビメタギタリストが紛れ込んだ」といった、全く見当違いの理由でマイクを否定した評論家がいたと聞く。

言うまでもなく、たとえ優れていても、新しいモノがすぐに受け入れられないのはよくあることだ。マイルスの歴史をリアルタイムで追ってきたガチのジャズ評論家やファンではなく、当時の自分たちのようにロックやファンクを通過してきたばかりの若いジャズファンのほうが、ジャズギターは〝こうあるべし〟といった先入観を持たずにストレートに彼のメッセージを受け止め、いいモノはいいと理解したのではないかと思う。

ちなみにマイルス本人はもちろん、マイルスのプロデューサーを二〇年以上務め、「ウィ・ウォント・マイルス」もプロデュースしたテオ・マセロも、インタビューでマイクのプレイを絶賛している。

その後のマイクは、彼自身のグループでの活動はもちろん、ジャコ・パストリアスや、ステップス・アヘッド、ハービー・ハンコックとの共演等を通じて、ジャズギタリストとしての不動の地位を得たことは言うまでもない。

そして演奏開始から一五分ほど経過した頃であろうか、マイルスがソロを取っている時アクシデントが発生した。

照明は問題なかったのだが、ＰＡシステムの電気系トラブルのためか、突然スピーカーから音が全く出なくなってしまったのだ。電気モノであるエレキ・ギター、エレキベースの音は完全にアウト。聴衆に全く聞こえない。

全くなんてこった！　トラブルてんこ盛り状態。

観客は状況を察し一瞬ざわつく。

その時マイルスは……。

何ごともなかったかのように顔色も変えず今までと同様に、トボトボとステージ上を歩きながらトランペットを吹き続け、アル・フォスターのドラムと生音のみで演奏を続けたのであった。

会場内に緊張感が走る。

「ＰＡしっかりしろ！」

といった罵声が客席から上がるが、その後観客は皆押し黙り、異様な静寂の中でかすかに聞こえるドラムとトランペットの生音を受け止めようとしていた。

演奏スタイル、曲の流れは全く変わらない。

観客は全身でマイルスの音に集中する。

PAはいつ復帰するのかわからない。

この先どうなるのか？

どこへ向かっているのか？

マイルスはどう指示、対応、収束していくのか？


まさにマイルスジャズの真骨頂の瞬間かもしれない。

ちなみにあるジャズ専門誌では、このアクシデントの様子を、「PAトラブルで生音のみの演奏となり聴く側の緊張感がプツリと切れた」とレポートしていたが、現場にいた自分の印象とは異なっている。

そして五分ほど経過したあと、無事PAシステムが復活し、ギターとベースも演奏を再開する。

やはり相変わらずマイルスは同じ体勢でトボトボ歩きながらトランペットを吹いている。

曲が終わる。

観客は大歓声を上げるが、マイルスは怒りもせず、不機嫌にもならず、かといって苦笑いするわけでもなく、表情は全く変わらない。

そしてコメントも何もなく次の曲をすぐに始めたのである。

まるでPAトラブルが発生したことに、全く気づかなかったかのように。

ライブ時の電源が落ちること自体は、特に屋外イベントにおいてそれほど珍しいことではない。しかし、これほどまでにトラブル自体を全くなかったことにしてしまい、顔色ひとつ変えず演奏を継続したのはマイルスならでは。

マイルスはきっと約九〇分のライブをひとつの曲、ひとつの作品として捉えているのであろう。だから当然のことながら演奏を、いや音楽を止めてはいけないのだ。

マイルスのステージは、コンサート全体を通して理解することが重要であるということを再認識した五分間であった。

後年、マイク・スターン本人に一九八一年のマイルスとの日本ツアーについて尋ねたところ、ツアーそのものは記憶していたが、残念ながらこのPAアクシデントに関しては全く覚えていなかった。

コンサート終了後、ジャズ研のメンバーと冷えたカラダをお酒で温めるべく新宿の居酒屋へ行き反省会という名の飲み会になだれ込んだが、PAトラブルにおけるマイルスの全く動じない演奏スタイル、奔放なマイク・スターンのギタープレイ、そしてマイクが映画「時計じかけのオレンジ」のボブという登場人物に似ているというネタで盛り上がったのだ。

この時の日本ツアーにおけるコンサート評価は極めて低いモノが多く、というより散々で、あるジャズ専門誌では評論家が「グッドバイマイルス」とまで言い切っていた。

もちろん物議を醸したが……。

では、本当にマイルスの当日の演奏は見るべきものがなかったのか?

僕は一九九〇年八月にブルーノート東京でディジー・ガレスピーのライブに接する機会があったが、その時のディジーは立っているのがやっとといった状態で、テーマを吹き終わるとアドリブは取らずに傍らの椅子に腰掛けて休憩していた。

彼の十八番、「チュニジアの夜」もレコードで聴いた勢い、艶、創造性はなく、生のディジー体験はしたものの演奏からは残念ながら何も感じ取れなかった。新しい何かを生み出そうという、ジャズマン本来のパワーをディジーはもう失っていた。ただ、かつての栄光による人寄せパンダへと成り下がっていたのだ。

まあ、ミュージシャンも生活しなければならないので、それはそれでやむを得ないのであるが……。

ライブ終了後に一緒に見に行った友人と、「これは香典代わりだね」と会話した記憶が鮮明に残っている。

そしてその約二年半後の一九九三年一月にディジー・ガレスピーはこの世を去ったのだ。

今にして思えばディジー・ガレスピーのブルーノート東京におけるライブと異なり、マイルスは体調が最悪であったにもかかわらず、トランペットを吹き続けたのだ。たしかにトランペットの音そのものは弱々しく、精彩がなかった。

しかしマイルスは自分のソロ終了後も、あまり舞台袖に下がり休憩することもなく、ステージ上で徘徊しつつ常に音楽の方向性をほかのメンバーに指示していたように思う。また、指示を出していない状態においても、ステージ上にマイルスが存在していること自体が、サウンドにすさまじい緊張感を注入する。マイルスはきっとそれを理解したうえでステージ上を徘徊していたのではないか。

このことからも偉大な創造者としてのマイルスの音楽へのあくなき探求は、その日も全く衰えていなかったと推測される。最悪の環境、ぼろぼろの体調であったのに。

たしかにマイルスのトランペット演奏という観点からすると、厳しい評価を下さねばならないのかもしれないが、新たなマイルス・ミュージックの提示という意味では十分意義のあるコンサートであったと思う。

結局、ジャズ誌によるコンサートレポートは、マイルスバンドをバンドとして評価せず、マイルス個人のプレイに対する評価のみに留まっていたように僕は感じる。バンドが評価されなかったことを知ったら、きっとマイルス本人は非常に不本意に感じたに違いない。

まあ、それだけマイルス個人に対する期待が大きかったことの裏返しでもあるが。マイルスは元気がなく、しかも劣悪な演奏環境。落胆した面も正直あったが、僕にとって初の生マイルスライブ体験は非常に記憶に残るモノとなったのは事実だ。

東京でのコンサートのライブ録音を含むアルバム「ウィ・ウォント・マイルス」が翌一九八二年にリリースされた。

「ウィ・ウォント・マイルス」には、来日前のボストン、ニューヨーク、及び日本での演奏が収録されているが、自分自身のマイルス体験とリンクしていることにより甘く採点してしまうという要素を差し引いても、僕にとってエレクトリックにおけるマイルスのアルバムではベスト、全てのマイルスのアルバムの中でも三本の指に入るお気に入りだ。

そこで聴かれるマイルスのトランペットのサウンドは、僕が西新宿で体験したコンサートでの演奏とは全く異なっていた、というより全く別人ではないかと思わせるほど素晴らしい出来だ。体調の悪さなど微塵も感じさせない。

収録されている東京での録音トラックは、コンサート三日目、一〇月四日の新宿西口広場における「ジャン・ピエール」だが、マイルスはミュート使用の演奏のみ。ツアー三日目で体力が多少なりとも回復したためか、初日僕らが聴いた演奏よりはるかに安定し、かつマイルスならではの微妙な音色コントロールがされているように思う。

マイルスはシンプルなテーマを演奏したあと、コード進行に沿って一音一音確かめるようなメロディを大切にした解りやすいソロを披露。バックの演奏は、アル・フォスターの重い安定感のあるシンプルなドラミングという手のひらの上で、休符という空間を最大限に生かしたマーカス・ミラーのエレキベース、その空間を埋めるマイク・スターンの挑発的なディストーションギターといった具合に完全に八〇年代のマイルスサウンドなのだが、マイルス自身のソロは五〇年代後半のジョン・コルトレーン（TS）、レッド・ガーランド（PI）、ポール・チェンバース（B）、フィリー・ジョー・ジョーンズ（DS）とのカルテットでの演奏を彷彿させるものであった。

しかし、それぞれから紡ぎだされたサウンドは完全に融合し、マイルスのトランペットをより引き立てつつ、痺れんばかりの緊張感を醸し出す。さすがマイルスと納得してしまう完成度だ。ほかのトラックにおけるソロのような派手さ、勢いはないものの、実に味わい深い素晴らしい演奏だ。

それ以外のトラックはボストン、ニューヨークにおけるライブ録音。当時マイルスは五五歳であるが、全く年齢を感じさせないというよりは、トランペット演奏という意味では、マイルスのベストプレイのひとつではないだろうか。

ハイ・トーンは全身に突き刺さるがごとく鋭利、緩急織り交ぜたパッセージもよどみなく流れ、バンド全体を挑発し、ミュートサウンドでは微妙な感情がコントロールされている。

これを聴いたら、誰も「グッドバイマイルス」とは口が裂けても言えないはず。

この「ウィ・ウォント・マイルス」も含め、その後のエレクトリックに傾倒したアルバムの高評価からも、日本ツアーはマイルス完全復活への礎を日本の聴衆に対し示した重要なライブであったと言えよう。


その後マイルスは一九九一年、肺炎のため六五歳で亡くなるまで二回来日したが、僕はコンサートに行かなかったので、結局、西新宿でのこのコンサートが最初で最後のマイルス生ライブ体験となった。コルトレーンを観たことのない僕にとって、マイルスを生で観たという事実はジャズファンとしてひとつの勲章、実は自慢かもしれないと勝手に思っているのだ。

ちなみに復帰を果たした帝王マイルスに大きな期待を寄せて一〇月二日、新宿西口広場でのコンサートに集まった観客は七〇〇〇人。

日本ツアーは二週間にわたり実施され、三都市で全七公演、観客動員数は延べ四万人であったそうだ。

▼二〇二一年二月　追記

二〇二〇年に公開された映画「ジャズ喫茶ベイシー Swiftyの譚詩」で、ベイシーの店内で、ドラマーの村上〝ポンタ〟秀一氏もお気に入りとのことで「ウィ・ウォント・マイルス」が、爆音でかかっていたのが嬉しい。その村上氏は二〇二一年三月に亡くなられた。ご冥福をお祈りします。

## 9　スノッブな大人の隠れ家／六本木　MISTY

一九八一年まで、六本木交差点から溜池方面へ坂を少し下り、防衛庁（現在は東京ミッドタウン）へ向かう裏通りを五〇メートルほど歩いたところに、数多くの来日ジャズマンがコンサート終了後に訪れ、ジャムセッションを楽しんだことでも有名な伝説のジャズクラブMISTYが静かに居を構えていた。

そこは六本木交差点からわずか徒歩五、六分の距離であったにもかかわらず、周囲に飲食店も少なく静かで人影も途切れがち。夜になると意外と暗く〝CLUB MISTY〟と書かれたサインボードの周りだけが、ほんのりとライトに照らされ浮き上がっていた。

これで小雨が降っていて、ちょっと、もやっていたりすればまさにミスティのイメージそのもの。傘をささずにトレンチコートの襟を立てて歩きたい。

そのサインボードの明かりをたよりにMISTYにたどり着くと、まずはレセプションが迎えてくれるので人数を告げる。その後、天井まで洞窟風に漆喰で固められた薄暗いトンネル状の通路を歩いて地下へもぐって行く。テーマパークの探検系アトラクションに入場するようなドキドキ感を感じさせる演出だ。

地階に辿り着くと、やはり漆喰でドーム状となっている、思いのほか広い縦長の空間が待ち受けている。

ちょっと秘密クラブめいているその空間の奥には、日本で唯一、天才と呼ばれるのにふさわしいジャズピアニスト〝スガチン〟こと菅野邦彦氏が、店のオーナーと一緒にわざわざニューヨークまで出向いて選定したと言われるスタインウェイ社のフル・コンサートグランドピアノが鎮座していた。そのピアノの値段は輸送費込みで一三〇〇万円だったとのことだが、想定していたよりサイズが大きかったため店の入り口を通れず、やむなくすでに完成していた内装を壊して広げ、やっと地階まで運んだというエピソードを聞いたことがある。

ピアニストの背中側にもテーブル席があり、そこからはピアニストの運指やダンパーペダルを踏むところが間近に見ることができた。演奏時の息づかいまで感じられる、ジャズピアノを演奏する人間にとってご機嫌な特等席だったので、僕はオープンと同時に入店しその席をキープしたものだ。

たしかミュージックチャージが一〇〇〇円、水割りが一杯七〇〇円で、当時としては良心的な価格設定であったものの、僕らは学生でお金もなかったのでマクドナルドや吉野家で夕食を済ませたあと入店。一杯水割りをオーダーしたあとは、こっそり持ち込んだウイスキーのミニボトルをチビチビ飲んでいた。店のスタッフもたぶん気づいていたであろうが、のんびりとした時代だったせいか、見て見ぬふりをしてくれたようだ。また酒と簡単なつまみだけのシンプルなメニューに、オーナーのジャズに対するこだわりを感じた。

MISTYは一九七三年オープン。初代のハウスピアニストは〝スガチン〟であったが、一九七四年から山本剛氏がハウスピアニストとなったとのこと。ちなみに、MISTYはほかの多くのジャズクラブのようにバンドが日替わりで出演するのではなく、基本的に毎日同じグループが演奏し、そこに日替わりでゲストの女性シンガーが花を添えるといったライブ形態であった。いわゆる〝箱バン〟だ。

僕がMISTYに行った頃は、山本剛氏がスイング感溢れ、しかもセンスのいい素晴らしい演奏を毎晩披露していた。特にある晩に聴いた「枯葉」の演奏がとりわけ印象に残っている。アドリブの途中でベースとドラムをブレイクさせ、その後、山本氏はレイ・ブライアントの「モントルージャズフェスティバル」のライブレコード張りにご機嫌なピアノソロを延々一五分近く弾き倒した。まさに鳥肌モノ。もちろん、曲が終わるとクラブ内は拍手の嵐、大喝采であった。

また、彼の歌伴（ボーカルの伴奏）における洒落たイントロやエンディング、ツボを押さえたバッキングは名人芸の域。ジャズピアノのお手本と言えるような演奏で、本当においしくお酒が飲めた。

MISTYは〝箱バン〟であるためか「ぴあ」等の情報誌のライブスケジュール欄では紹介されておらず、またジャズ専門誌でもほとんど広告を見たことがないにもかかわらず、早い時間から満席で活気があった。

山本氏は一九七四年一二月二五日のクリスマスには、ここMISTYで「ライブ・アット・ミスティ」というアルバムも録音している。このアルバムは演奏の素晴らしさもさることながら、当時のライブの雰囲気を今に伝えるという意味でも非常に重要だ。ときどき客席からのちょっとずれた手拍子がやや気になるが……。

また、山本氏はスタンダード曲「ミスティ」の演奏を十八番にしており、しかも「ミスティ」というタイトルのアルバムまでリリースしている。こうして、山本剛といえばミスティ、ミスティといえば山本剛といったイメージが確立されていた。

当時まだ一〇代の僕にとって、MISTYは単に雰囲気がよくて素晴らしい演奏が聴けるジャズクラブではなく、ある意味〝かっこいいオトナ〟が通う〝秘密の館〟といったところで、MISTYでジャズを聴いているというだけでちょっとした優越感に浸っていた。ちなみに作家の林真理子氏や森瑤子氏もMISTYを訪れたことがあるようで、自身のエッセイで最高のジャズクラブとして紹介していたのを読んだ記憶がある。

そこで、「女の子は最高の雰囲気で最高の音楽を聴かせて盛り上げれば絶対落ちる！」と僕は勝手に思い込み、当時片思いだった短大の女の子に満を持して不埒な気持ちを隠しつつMISTYへ誘ったのだ。そして水割りを飲みながら、僕は若気の至りで延々とジャズのうんちくを語ってしまった。彼女はジャズにあまり関心がなかったのにもかかわらず。

結果は……言うまでもないが、鬱陶しかったのか、または最初から僕に興味がなかったのか見事に玉砕！　ふられてしまった。

神聖なジャズの場に不埒な思いで臨んだので、きっとジャズの神様の怒りをかったのであろう。まあ、今となってはホロ苦い青春時代の思い出だ。

MISTYのマッチはボックスタイプのグレーを基調としたシックなデザインで、〝CLUB MISTY〟としか記載されていないシンプルなモノ。ジャズクラブというよりも、むしろ銀座の高級クラブを彷彿させる。

あえて店の形態、コンセプトを提示せずに謎めいた演出を図っていたのであろうか。

そして一九八・年、オーナーの急死による突然の閉店。僕が呆然として立ち尽くしたのは言うまでもない。それほど全てにおいてMISTYは素晴らしいジャズクラブだったのだ。

MISTYのマッチ

僕はこのMISTYが閉店した一九八一年が、奇しくも日本におけるジャズブームのピークで、その後日本におけるジャズ人気は長期にわたる低落傾向となったような気がしてならない。

つまり、「一九八一年日本ジャズ最盛期説」だ。

もちろん、僕は戦後間もない頃のジャズブームなどは知らないが、一九八一年の盛り上がりは、ある意味異常であった。

一九八一年に東京で開催された海外ジャズマンによる主なコンサートの一部を列挙してみる。

- マイルス・デイビスグループ／六年ぶりの復帰ライブツアー
- キース・ジャレット／武道館でのピアノソロコンサート（二日間）
- モダン・ジャズ・カルテット／リユニオンコンサート
- オスカー・ピーターソンビッグ4
- ライブ・アンダー・ザ・スカイ

田園コロシアムにおける最後の開催。次回から読売ランドイーストで開催。
ハービー・ハンコック&サンタナG、
チック・コリアG、ソニー・ロリンズG、パコ・デ・ルシアG、
ジョージ・デューク&スタンリー・クラークG

・オーレックスジャズフェスティバル／ライオネル・ハンプトンオーケストラ、ハンク・ジョーンズ、ナンシー・ウィルソンほか

・ウエザー・リポート／ジャコ・パストリアス在籍時

・クインシー・ジョーンズ／オーケストラを率いてのコンサート

ほかにもアート・ペッパー、リッチー・コール、デクスター・ゴードン、シェリー・マン、ケニー・ドリュー、コンコード・オールスターズ、サラ・ボーン、カーメン・マックレー等々。

フュージョン系では、クルセイダーズ、アル・ジャロウ&デビッド・サンボーン、スパイロ・ジャイラ、リー・リトナー、アール・クルーといった具合だ。まさにコンサートラッシュ！

しかも、これだけ多数コンサートが開催されたにもかかわらず、いずれも動員好調だったようだ。

しかし、これだけビッグアーティストによるコンサートが大量に実施されてしまったら、翌年以降は誰が来日しても盛り上がるわけがない。まあ、チャーリー・パーカー（AS）とジョン・コルトレーン（TS）、ビル・エヴァンス（PI）、スコット・ラファロ（B）を天国から呼び戻してバンドでも組ませれば別だろうが……。

ちなみにドラマーは一九八一年時点で有名どころは、皆現役なのでちょっとベタだ

が、エルヴィン・ジョーンズかジャック・ディジョネットにお願いしよう。このメンバーのバンドだとちょっとチャーリー・パーカーが浮きそうだが、どのようなジャズが紡ぎだされるか想像するだけで楽しい。

また、『ジャズ日本列島55年版』（一九八〇年版）におけるジャズ喫茶紹介店舗数は、ジャズ喫茶は衰退したと言われつつも七三二店と過去最多を記録している。

ＣＤがまだ世に出る前でレコード全盛。ジャズファンが大音量のジャズを集中して聴くことにまだ多少なりとも飢えていた時代だ。

ライブクラブもスイングジャーナル社『モダン・ジャズ読本82』（一九八一年のジャズ界の出来事をまとめた年鑑のようなモノ）では、東京都内で毎日ジャズライブを実施しているジャズクラブが四〇店も紹介されている（週末のみライブといった店は除く）。

と同時に、ジャズマンのマスコミへの大量露出等々。

とにかく東京の街にはジャズが溢れていた。

そんな一九八〇年前後、僕は学生という極めて自由な身分で、ジャズにドップリ漬かれたというのは、非常に幸せなことであったと今になって思っている。

MISTY閉店後、二〇〇〇年に防衛庁は移転。跡地は再開発され、二〇〇七年に僕にとっては味も素っ気もない東京ミッドタウンという、一回訪れればもう十分な、つまらない東京新名所に変貌してしまった。

MISTYは、まさに「大人の隠れ家」と言うのにふさわしい最高のジャズクラブであったのだ。一方、いまだに僕にとってMISTYに匹敵するようなジャズクラブが東京に存在しないのが残念だ。

▼二〇二一年五月　追記
一九八〇年代、東京にはオーディオメーカーのショールームが多数あり、最新のオーディオ機器の試聴ができたほか、イベントスペースでは新譜の試聴会やラジオの公開録音、無料のライブなどが実施されていた。僕は「ぴあ」のイベント欄で、高田馬場のビクター、銀座のテクニクス・ソニー、有楽町のLo-Dなどの情報をチェックし、Lo-Dのショールームで大隅寿男トリオのライブを観に行った記憶あり。現在、残っているのはソニーの規模を縮小したショールームのみのようだ。

## 10　かつて美人喫茶と呼ばれたジャズ喫茶／下北沢　マサコ

オープンしてから三〇年以上経つジャズ喫茶・ジャズバーには、目立った改装もされずいまだに昭和の香り漂う店も数多い。二〇一二年春、東京二三区内に現存する僕の訪れたことのある主な店だけでも、蒲田・直立猿人、日暮里・シャルマン、新宿・ナルシス、新宿・サムライ、銀座・ジャズカントリー、下北沢・POSY、白山・映画館、三軒茶屋・アンクルトム、中延・ジャズスナックまつ、明大前・マイルス、神楽坂・コーナーポケット、渋谷・Mary Jane、渋谷・Curioなどなど。

これらの店に一歩足を踏み入れると、まるでタイムスリップしたかのような懐かしい感覚に襲われるのは僕だけであろうか。オーナーが代替わりしたり、別の人物が店を継いだりした場合もあるが、オープン以来ずっとひとりのオーナーが店を守っているのが大半。すでに多くのオーナーが高齢なため、あと数年したらほとんどの店がなくなってしまうのではと危惧している。

ちなみに都内でもっとも昔から営業している現存するジャズ喫茶（現在は夜のみ営

業のジャズバー）は、昭和三三年オープンの日暮里・シャルマンであると思われる。二〇一二年現在で五四年もの歴史だ。

レコード六〇〇〇枚以上を保有し、いまだに真空管アンプで鳴らし続けているのは拍手喝采モノ。これほど長い歴史があるのにもかかわらず、最寄りの日暮里駅から少し遠く、しかも谷中墓地の近くという通常夜間にあまり訪れることのない場所のため、あまり知られていないのが残念。現在、オーナーは病気療養中のため、店の常連さんが切り盛りしているようだ。

次に古いと思われるのは明大前のマイルスで、昭和三五年オープン。オーナーの女性がご高齢で病気がちなこともあり、こちらも原則夜のみの営業となってしまっているが、コーヒーのみのオーダーも可だ。不定休なので訪れる際は営業しているかを電話確認すべし。この店もＣＤではなくレコードをかけている。

そのような歴史あるジャズ喫茶の中でも横綱クラスであったのが、昭和二八年（一九五三年）から五六年にわたり下北沢に居を構えていたマサコだ。

僕は下北沢という街が大好きで、マサコには芝居の開演前や友人との飲み会までの待ち時間に駅から近いこともあり、よく気軽に立ち寄った。

ところが、そのマサコは下北沢駅徒歩二分というあまりに交通至便な場所であったがゆえに、駅前再開発という大きな勘違い、勝手な都合に巻き込まれて二〇〇九年九月二四日に閉店するはめとなってしまった。一二年働いていた女性スタッフがレコードやスピーカー、CD、そして「マサコ」の名前を引き継ぎ下北沢から遠くないところに店をオープンする予定とのことであるが、歴史あるマサコという空間そのものが失われることは本当に寂しいことだ。

ちなみに閉店から三年近く経過した二〇一二年七月時点で、ニュー・マサコがオープンしたという情報はないが、いったいどうなったのであろうか?

マサコは黒を基調としたインテリアながら、妙な暖簾のようなモノがぶら下がり、赤いカバーのかかった低いテーブル、不揃いの硬い椅子とソファが置かれ、ジャズに関係したチラシやポスター、手書きのメニューなどが壁いっぱいに飾られていた。

大きなスピーカーから大音量でジャズを流しているジャズ喫茶であったが、談話は可。ただし、大声で会話している人を見たことはない。店は一階で比較的明るく、本棚には漫画の単行本が多数揃えられ、ジャズ喫茶としては敷居が低かったので、若い女性客も少なからず見受けられた。漫画が読めるジャズ喫茶といえば、かつて御茶ノ水駅近くの路地裏に店を構えていたNew Portがあるが、マサコのほうがより入りやすい雰囲気であったと思う。

ただしジャズを聴くためというより漫画を読むことを目的としている客が多かった

ため、いわゆる正統派ジャズファンやジャズ喫茶のマスターから、「マサコをジャズ喫茶としては認めない」といった意見を小耳にはさんだことも何回かあったが、下北沢という若者文化の街で長年にわたり、ジャズを広めた功績は極めて大きいのではないかと思う。

実際、漫画を置いていなかったら五六年間も店を維持できたかどうか疑問だし、実は僕自身も漫画を読みながらジャズを聞くのは嫌いではない。というか非常に居心地がよく、ジャズと漫画で〝一粒で二度おいしい〟と感じてしまうのだ。

読むのは漫画喫茶の定番『ゴルゴ13』もいいが、内田春菊、桜沢エリカといった女流漫画家のちょっとHな作品がマイナー感、サブカルチャー感に溢れジャズには合っていると僕は思うのだ。

マサコ閉店に伴い「下北沢経済新聞」の特集コラムで、マサコのオーナーF氏が店の歴史と今後に関しインタビューを受けており、非常に興味深い。

そのコラムによると、初代オーナーであったマサコさんはもともと銀座のダンサーで、二九歳の時に店をオープン。当時はマサコさんの明るい人柄と、マサコさんが採用したウエイトレスが皆美人であることが有名で、店内の四〇席が開店直後から埋まるという人気店となったとのこと。ウエイトレスが美人なことから、ジャズ喫茶ならぬ「美人喫茶」とも呼ばれた時期もあったらしい。

やはりすでに閉店した上野の老舗ジャズ喫茶イトウも同様であったようだが、時代が違うのか、それともタイミングが悪かったのか、僕はいずれの店でも美人ウエイトレスと遭遇した記憶が残念ながらない。

一九八四年にマサコさんが亡くなった時は閉店することも検討したが、高校生の頃からの常連客で、一九六四年頃からは共同経営者となったＦ氏が跡を継いだとのこと。


僕の初マサコは実は〝オクテ〟で一九八三年だ。一緒に訪れた常連の友人からジャズ喫茶マサコにはマサコという名物おばちゃんが店にいると聞いていたので楽しみにしていたのだが、当日は体調が悪かったのかご本人はおらず、またその後に訪れた時も亡くなる直前であったためか、マサコさんを見かけたことはなかった。

彼女の肖像画がたしか入り口のレジ横に飾られていたが、その個性的、かつ福々しい笑顔は一度見たら忘れられない。本当にお会いできず残念であった。

また、マサコは石田衣良氏による下北沢の小劇団を舞台にした小説『下北サンデーズ』の主人公で女優の卵・里中唯香が、まだ売れるようになる前にアルバイトをしていた喫茶店のモデルになっているようだ。ちなみに『下北サンデーズ』は二〇〇六年にテレビドラマ化され上戸彩が主演。石田氏もきっとマサコを訪れたことがあり、その時のマサコとウエイトレスの印象から小説のモチーフを膨らませていたのだろう。

普通、上戸彩みたいなかわいい娘がジャズ喫茶でウエイトレスをしているなんて現実感がないのだが、小劇団が多数活動し、女優の卵が生息している下北沢ならそんな〝かわいこちゃん〟ウエイトレスがいてもおかしくないと思わせる雰囲気を持っていた。


マサコのマッチは僕の手元に二種類残っており、いずれも大型ボックスタイプのしっかりしたモノ。

ジャズ喫茶のマッチに関するＷＥＢサイトを見ると、ほかにも何種類かあったようだ。僕の持っている片方のマッチは電話番号が七桁なので、昭和の時代に入手したものと思われる。もうひとつは八桁なので平成になってからのものかもしれない。いずれのマッチにも店の看板と同じ丸っこい字体で店名のマサコと〝Coffeeとジャズを楽しむお店〟と書かれている。「ジャズを楽しむ」ということがマッチを通じてしっかり店のポリシーとして打ち出されているわけだ。

古いほうのマッチはマサコさん存命中にデザインされ作成されたものと思われ、ナンシー・ウィルソンに似ている黒人女性ボーカリストの図柄が描かれたレトロ感が漂うもので、僕のマッチコレクションの中でもお気に入りのひとつである。

マサコのマッチ（表・裏）

新しいほうのマッチはサッチモがトランペットを吹いている図柄で、久保幸造氏によるもの。

俳優の西田敏行氏、柄本明氏なども通ったという、下北沢でもっとも歴史があり有名な喫茶店マサコがなくなったことも非常に悲しいが、今後下北沢そのものが土地の有効活用という旗印のもと、さらに匂いのないつまらない街に変貌させられるのではないかと本当に心配だ。

▼二〇二一年二月　追記

マサコ閉店後、しばらくの間、下北沢で昼間から営業しているジャズ喫茶は消滅してしまったが、二〇一七年には、「ジャズと喫茶　囃子（はやし）」が、二〇一九年には「NO ROOM FOR SQUARES」が、そして、二〇二〇年には、ついに「マサコ」が復活するなど、ジャズの街としても盛り上がりを見せている。

## 11 クリームソーダとエルヴィン・ジョーンズ／神保町 響

響は一九六四年にオープンした、神田神保町のジャズ喫茶だ。

高品質なサウンド、幻の名盤を多数含む豊富なレコードコレクション、美味しいこだわりのコーヒー、そしてトランペットとサックスをあしらったセンスのいい図柄のマッチといった具合に三拍子プラス一が揃っており、ジャズ、ジャズ喫茶ファンにとってはまさに聖地とも言える超有名店だった。

場所は神保町駅から徒歩五分程度の、靖国通りから水道橋方面に一本入った裏通りに面したビルの一階。僕の知っているのは一九八〇年のビル改築後の店舗であるが、道路側がガラス張りのため本格派ジャズ喫茶にもかかわらず明るい雰囲気だった。

一九九三年に残念ながら閉店。その後一九九七年にオーナーのO氏は神奈川県藤沢市で、日本一小さいジャズ喫茶・響庵(ひびきあん)を開いたとのことだが、二〇〇三年三月頃から休業しそのまま閉店してしまったらしい。僕は響庵に行こう行こうと思っていたのだが、ちょっと自宅から遠かったため、二の足を踏んでいるうちに閉店してしまった

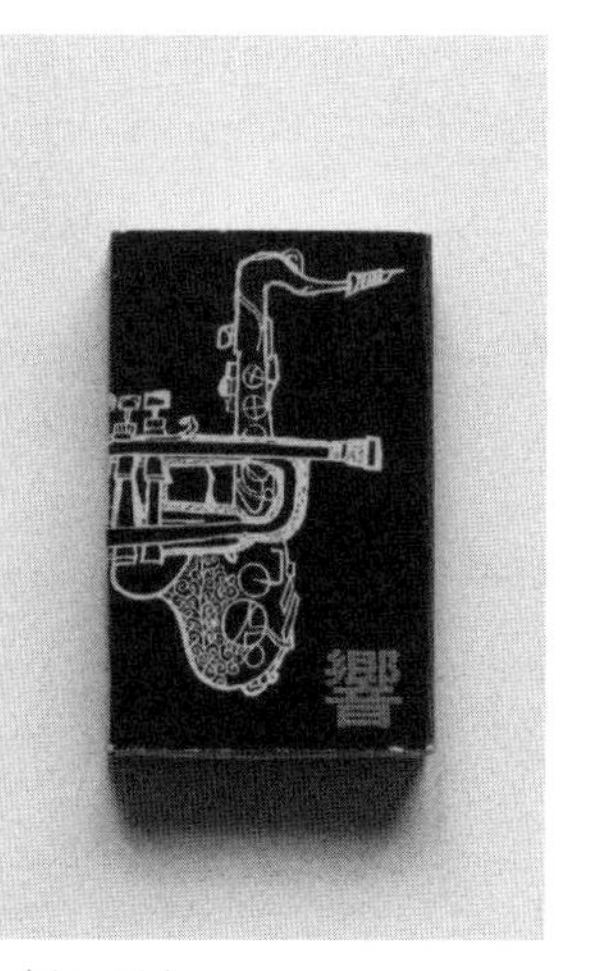


響のマッチ（表・裏）

のですごく後悔している。

実は響庵のように行きそびれてしまったジャズ喫茶の名店が僕には数店あるので、最近は行こうと思ったら、万難を排してでも行くように努力している。

またO氏は有名海外ジャズマンとの交友も広く、ジャズ関係本の執筆や、東芝EMIからCDをリリース、ジャズ専門誌にも頻繁に登場するジャズ喫茶界のスーパースター、高名な業界人だ。

僕は一緒にバンドを組んでいたベーシストのI君が響でバイトをしていたこともあり、学生時代から数回訪れた。ちなみにI君はO氏の著作『ジャズ・ジョイフル・ストリート』でも少しだけ紹介されているのだ。ちょっと羨ましい。

また社会人となってからは、一時期、お茶ノ水近辺に取引先があったのでキッチン南海のカツカレーや、いもやの天ぷら、共栄堂のカレー等の神保町B級グルメランチをさっと短時間で楽しんだあと、残った昼休みの時間に響でくつろぐという至福のパターンをたびたび堪能した。

そんな僕にとって響にまつわる思い出といえば、なんと言ってもジャズドラムの神であるエルヴィン・ジョーンズのミニライブ体験だ。

一九八三年、一月九日の日曜日。まさに正月休みが終わり大学の授業が始まる時期。

まだ正月ボケが残っているのだが、大学生にとってはそろそろ期末試験の勉強を始めなければならないちょっと憂鬱な頃だ。

そんな日の朝、響でバイトをしていたI君から突然、自宅に電話がかかってきた。言うまでもないが、当時はもちろん携帯電話は存在しない。

「店にエルヴィン・ジョーンズが来るから、とにかく来い」

と彼は僕に用件だけ告げると、すぐ電話を切った。

突然のことのうえ、電話が短すぎて、何故エルヴィンが響に来るのか、何をしに来るのかさっぱりわからない。とはいうものの、

「エルヴィンが響に来る!?」

という信じられない状況を逃す理由はない。大学の期末試験の準備をしている場合ではなさそうだ。とにかく何がなんだかよくわからないうちに昼頃、僕はI君に言われるがままに響に向かった。

ちなみにO氏とエルヴィンの長い友情の歴史や、毎年正月明けにエルヴィンが響を訪れミーティングを実施していたことは、たびたび「スイングジャーナル」誌等にレポートされ、『ジャズ・ジョイフル・ストリート』にも書かれていたのだが、当時の僕は知らなかった。

響に到着すると店内にはドラムセットと電子ピアノ等の楽器が置かれ、それを囲む

形で席が配置されていた。たぶん大学のジャズ研やビッグバンドのメンバーと思われる若者四〇名ほどでほぼ満席。立錐の余地もない。もうすぐエルヴィンが登場するということで店内は緊張感が漂っていた。

僕はI君がキープしてくれたドラム正面の特等席に、人を掻き分け、なんとかもぐり込んだ。やはり持つべきものは友だ。

しばらくしてエルヴィンとサックスプレイヤーのパット・ラバーベラ（だったと思う）が、盛大な拍手のもと店内に迎え入れられた。間近で見ると、筋肉質だが思ったほど大柄ではないエルヴィンの周囲にはまさしくオーラが漂っており、その豪快な笑顔に思わず引き込まれてしまう。ここまで顔の筋肉を全て使い切った笑顔というものを僕はこの時初めて見たし、その後もエルヴィン以上の笑顔に遭遇したことはない。

エルヴィンはドラムセットの横の席につくと、O氏からクリームソーダが渡された。彼は嬉しそうにそれをしばらく眺めたあと、やおら上に乗っているアイスクリームをメロンソーダに思い切り沈め、かき回し始めた。そして泡だらけとなったクリームソーダをおいしそうに一気に飲み干し、さらに一杯では足りずおかわりをしたのだ。そしてエルヴィンがクリームソーダを飲んでいる光景を、我々観客全員が黙って凝視しているという不思議な状況がしばらく続いた。

ジャズアーティストにはエルヴィンに限らず、ひとつのモノが気に入って〝スイッチ〟が入ると、とことん追求してしまうタイプが多いようだ。マイルス・デイビスはマティーニを飲みだすと、ずっとマティーニ、それが何かの拍子でたとえば赤ワインに変わるとずっと赤ワインを何時間も飲み続けるといった具合だったそうだ。そういえばハイラム・ブロックと一緒にすし屋に行った時、彼は巨体とはいえ一人で三〇〇〇〇円分くらいずっとマグロの赤身の握りだけを食べ続けたし（おかげで予算オーバーとなり、僕は一貫も食べられなかった）、普段、全く食事には無頓着なマイク・スターンが浜松に来たとき、「うなぎは泳ぐ、にょろにょろ」なんてことを言いながら、毎食うなぎにむしゃぶりついていた。この変な日本語を教えたのは僕だ。

クリームソーダが一段落すると、エルヴィンへの質問コーナーに。ところが日本のイベントでの質問コーナーでよくあることだが、皆黙って誰も手を上げない。気まずい雰囲気だ。こういった空気が苦手な僕はとりあえず手を上げ、

「ツアーやレコーディング以外の時の、バンドメンバーとの付き合いはどうしていたのか？　バンドメンバーとうまく付き合うコツは？」

といった質問をした。それに対しエルヴィンは丁寧に回答してくれたが、どんな内容であったかは全く記憶していない。

その後、なんとか二、三質問があったあと、無事にいよいよエルヴィンとのセッションタイムへ突入となった。

ピアノとベースはたぶん大学生で、サックスはパット・ラバーベラ。パットがジャズのスタンダード曲である「ゼアー・ウイル・ネヴァー・ビー・アナザー・ユー」のテーマをちょっと吹いてみせて、目配せで「この曲でよいか?」とバンドメンバーに聞いたところ、ピアニストのレパートリーになかったようで、結局、チャーリー・パーカーのオリジナルでジャムセッションの定番曲「コンファメーション」を演奏することとなった。バンドのピアニストが「アナザー・ユー」が弾けないと合図したとき、思わず自分が代わりに演奏すると言いたかったが、そこはさすがに自重した……残念。

エルヴィンは満面の笑みのままドラム椅子にゆっくりと腰掛け、スネアドラムの高さ・角度をもう一度確認する。

表情から笑顔が消え、目つきが鋭くなると同時に一発スネアドラムをスティックで鋭く叩く。

「カーン」

そのスネアドラムから発せられた鋭い乾いたサウンドがガラスの剣となり、僕の、いや会場に居た全員の心臓を貫いた。

その瞬間、もういきなり全身鳥肌だ。

会場の空気も一瞬で凍りついたように張り詰める。

エルヴィンは演奏前にドラムの神と化し、体全体からなんとも言いようのない迫力、存在感を発散させた。

お約束のイントロからコンファメーションの演奏が始まる。

当然、音響的には学生が演奏しているピアノやベースも音は発せられているはずだが、僕の聴覚にはエルヴィンのタイコの音しか聞こえないというか、感じられない。バンド演奏というよりも、ドラムソロをずっと聴いている感じだ。それはスイングを感じるというより、至近距離から連続してバズーカ砲を受けているようで（もちろんそのような経験はないが）身動きができない。

思考回路は完全に停止し、エルヴィンの発するドラムの一音一音が耳ではなく、顔からみぞおちのあたりで感じ、それが瞬時に筋肉・血管を通じてカラダの末端まで響いていく。そのうち自分自身がドラムの一部と化したがごとく、体の芯から揺さぶられ共鳴する。

そんな〝神のお告げ〟は、実に心地いいのだ。

そしてバンド演奏はエルヴィンの圧倒的なグルーヴ感を店内に充満させて終了。

聴衆は皆、演奏中ずっと呼吸をしていなかったかのように、一斉に大きなため息をつく。カラダ全体の筋肉が弛緩していく。

エルヴィンがスティックをスネアドラムの上に置き、また元の豪快な笑顔となりクリームソーダが待っている席に戻る。

会場内の空気も一気に緩んでいく。


その後、エルヴィンのサイン会が執り行われ、僕は以前六本木のジャズクラブBallantine'sでバイトをしていた時、トミー・フラナガンにサインをしてもらった「オーバーシーズ」のレコードジャケットを持参（トミーのリーダーアルバムだがドラムはエルヴィンが演奏）。ジャケットを見たエルヴィンはトミーのサインを指さし、

「トミーのサインがしてあるじゃないか」

みたいなことを言いながら、ニコニコしながらサインをしてくれた。

生エルヴィンの余韻とサインをゲットした喜び、そしてI君が響でバイトをしていたことに対する感謝の気持ちを持ちつつ、大きな満足感と共に帰宅したのだ。


一九八五年三月、ジャズに明け暮れた僕の大学生活もいよいよ終わりに近づいていた。あれほど勉強しなかったのに四年間で無事卒業できたのは、生来の要領のよさと奇跡が合体したのであろう。自分も含め四人のバンドメンバーもそれぞれ就職先が決まり（三人はサラリーマン、一人は親の会社を継ぐことになった）、お約束のバンド解散飲み会を実施することに。神保町の居酒屋で飲んだあと、二次会は皆の足が自然

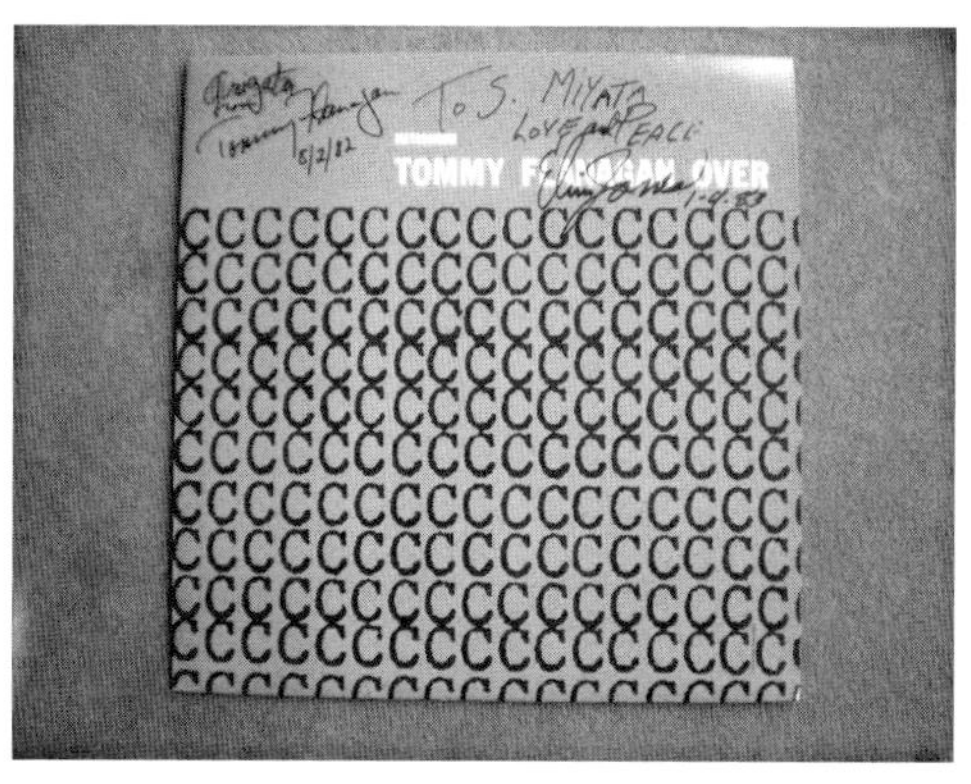


トミー・フラナガンの名盤、「オーバーシーズ」のジャケット（トミーとエルヴィンのサイン入り）／ユニバーサル クラシックス＆ジャズ（OJCCD-1033-2）

と響へ向かった。サントリー・ホワイトのボトルをオーダーし、簡単なつまみと共にあっという間に過ぎた四年間のバンド活動を振り返ったのだ。しこたま飲んで酔いつぶれたのだが、どうやって家に帰ったのか記憶にない。

響は自分たちの〝卒業式〟を行った思い出の店ともなった。

響の閉店後、しばらく神保町にジャズ喫茶がないという異常事態が発生。しかし二〇〇五年以降新たなムーブメントとしてBig Boy, JAZZ OLYMPUS!, Adirondack Caféと続けざまに本格的なジャズ喫茶がオープンしている。これらの店に響のＤＮＡが確実に受け継がれ、神保町のジャズ喫茶が復活したのは喜ばしいことだ。

▼二〇二一年五月　追記
Big Boy, Adirondack Café, JAZZ OLYMPUS!（神田小川町）は、揃って元気に営業中。さらに二〇二一年三月には、神田猿楽町にon a slow boat toもオープンして、神保町界隈のジャズ喫茶はますます盛り上がりを見せている。

# 12　エロール・ガーナーはすごい美人!?／学芸大学駅　A-TRAIN

東急東横線学芸大学駅西口から、都立大学駅方向に線路沿いを二〇メートルほど歩き、最初の角を右に曲がった三軒目にジャズバー A-TRAIN（略してエートレ）は一九九六年からひっそりと店を構えている。

店の前に置かれている赤い看板が目印だ。

駅の改札からわずか一〇〇歩足らずで到着という交通至便なロケーションながら、店の前の道路は狭く人通りが思いのほか少ない。

ガラス製のちょっと重い扉を押して開けると、店内は黒を基調としたインテリアでカウンター一〇席、テーブル三卓ほどの狭い店だ。カウンターの中には、アラ還（還暦）で上下黒ずくめの服装をしたマスターが、いつも暇そうに禁煙パイポを咥えて立っている。

僕にとってエートレはジャズが静かに流れリラックスでき、お手頃な値段で一杯飲めて、しかも遅い時間になっても家へ徒歩一〇分ほどで帰れるというお気に入りの

A-TRAINの看板

バーで、気づくとオープン当初から一五年以上の長いお付き合いとなってしまった。

ちなみにマスターはこの暇な状況に対して、

「エートレは家賃とか光熱費の経費がまかなえて、タバコ代くらいのおこづかいが入ればよしとする」

といったところだそうだが、それさえ厳しいのがジャズのお店の現実。とてもジャズバーだけでは生活していけないのだが、マスターはどうやって生活を維持しているのだろうか……。


マスターはもちろんジャズ好きでジャズバーを開いたのだが、以前はジャズに関してあまり詳しくないという極めて珍しいケースだ。

まあ昔のこととはいえ、エロール・ガーナーのアルバム「ミスティ」（一九五四年リリース）のジャケットにアップで写っている白人女性を、二〇歳頃までずっとエロール・ガーナー本人だと思っていたそうだ。

言うまでもなくエロール・ガーナーは、白人女性とは似ても似つかないヒゲ面で大柄の黒人男性ピアニストだ。しかもマスターはジャズのスタンダード曲「ミスティ」は有名なので知っていたが、それを作曲したのがこのエロール・ガーナーという名ピアニストだとは知らず、ジャケットの写真が美人で好みであったのと、名前の〝エ

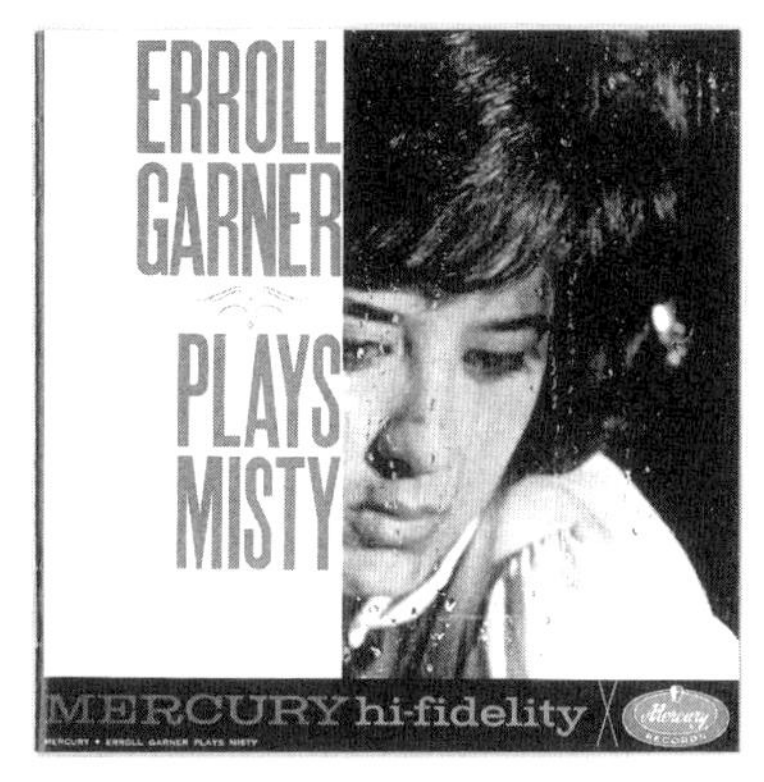


「MISTY」のジャケット／ユニバーサルクラシックス＆ジャズ（UCCU-6042）

ロ〟という言葉に思わず反応してしまいそのレコードを衝動買いしたという、もうどうしようもない愛すべきオヤジだ。ただそういえば、エロール・ガーナーの代表作である「コンサート・バイ・ザ・シー」のジャケット写真の左端下で両手を思い切り振っているのも白人女性だし、勘違いしてもしょうがないか。

とはいうものの、

「じゃあ何故、黒人のジャズピアニストのアルバムジャケットに白人女性が起用されたのか？」

と突っ込まれると答えに窮していたのだが、たびたびこの本の中で引用させていただいているマイク・モラスキー氏の著書である『戦後日本のジャズ文化』にその理由が記されており、やっとすっきりしたのだ。

その内容を要約すると、一九五〇年代から一九六〇年代にかけてのジャズレコードジャケット写真は大まかに分けると二種類ある。ひとつは、マイルス・デイビスの「ラウンド・アバウト・ミッドナイト」やジョン・コルトレーンの「ブルー・トレイン」に代表されるアーティストの肖像写真。もうひとつが、一九五〇年代にアメリカの広告業界で流行っていた「美女動員作戦」と言われるものだ（英語では実際なんと呼ばれていたかちょっと気になる）。

アーティスト自身の顔や、演奏写真の代わりに美女、あるいは美女のカラダの一部がレコードの題名・テーマを体現することを狙った広告宣伝手法だそうだ。本文中では、ハイヒールを履いて歩いている女性の膝から下のみをアップで撮影したジャケット写真がジャズファンの間ではあまりに有名な、ソニー・クラークの「クール・ストラッティン」を例に説明している。

そこで改めて「ミスティ」のジャケットを見てみると、写真の細身で美しい女性はうつむき加減で目を伏せ、涙を流して、またはこらえているように見える。

楽曲のミスティは、もともとインストゥルメンタル曲として発表されたので、このアルバムをリリースした時点では歌詞は存在しない。よって、あくまでも楽曲のイメージを元にこの写真を使用したのであろう。その後ジョニー・バークにより歌詞も付けられたが、女性の切ない恋心を歌った内容はこのジャケットイメージにもしっかりリンクしている。あるいは、ジョニーが作詞する際、ジャケットからイメージした可能性も否定できない。

仮に「ミスティ」のジャケットにエロール・ガーナー本人の肖像写真が使用されていたら、恐らくエートレのマスターはこのレコードを買わなかっただろうから、そういう意味ではアメリカの広告会社による「美女動員作戦」大成功といったところだ。

エートレはオープン当初、

「日本一ジャズのCD・レコードが少ないジャズバー」

であるとマスターは豪語していた。決して威張れる話ではないのだが……。

たしかに本格派ジャズ喫茶の店主が知ったら卒倒しそうなほど少ない枚数しかCD、MDを所有していなかった。

神保町のジャズ喫茶〝響〟の店主O氏の著作では、

「レコードの所有枚数がジャズ喫茶における資本金である」

と述べているくらい重要なことのはずだ。でも、そのような常識はここでは通用しない。現在、多少コレクションは増加したものの数千枚のCDを所有しているわけではないので、このバーではジャズのレア音源を聴いたりすることは難しい。聴きたければ自ら持ち込むしかないが、かかるか、かからないかはマスターの気分次第だ。

エートレではジャズがBGM程度の音量で流れており、大声を出さなければ会話は自由であるが、〝難しい〟ジャズの話はご法度。別に「難しいジャズの話はお断り」と張り紙がしてあるわけではないが、そんな雰囲気であるということ。

まあ要するに、ゆるーい空気が漂うジャズバーで、客の会話におけるジャズ指数が低いのが特徴。まあ、わかりやすく言えばジャズが流れ、アルコールが提供される癒しの施設といったところであろうか。また常連でも話しかけなければ、駄洒落好きにもかかわらずマスターも黙っているので、気を使わずに済む。

このエートレ、狭い店なのであるがオープン当初からアップライトピアノが置かれ、ここ一〇年以上にわたり月一回最終金曜日の夜にライブが開催されている。その日ばかりは、あふれんばかりの人でごった返すのだ。

ところがマスターは一念発起し、大枚をはたいてアップライトピアノの代わりに数年前、ヤマハのグランドピアノを店内に入れ込んでしまった。

結果、ただでさえ狭い店内は巨大なグランドピアノにスペースの大半を占領され、ライブの日の店内は通勤電車なみの混雑となる。さらに夜が更けるにつれ客が増え、店に入りきれず外まであふれることもあるらしい。実際、カウンター内にも客がいるなんていうことも。その動員力の源はバーの常連である音楽プロデューサーM氏によるピアノ演奏もさることながら、ミュージックチャージが九〇〇〇円（二〇一二年の価格につき、訪問の際は要確認）とお手頃なため、月一回のよく言えばサロン、わかりやすく言えばライブを口実として常連が集う定例飲み会と化していることによると思われる。

あと、忘れてはならないのが、M氏プロデュースによるイケメン・コーラスグループのファンである女性だ。別にエートレにそのイケメン軍団が大挙して現れるわけではないのだが。たとえイケメン軍団はいなくともM氏のソフトな語り口が、彼女達を魅了しているのかもしれない。

ファーストステージが八時半から、最終ステージは深夜の一二時からで、マスターの気分が乗れば朝までエンドレスといったライブスケジュールが時間にしばられず、ちょっとニューヨーク・グリニッジヴィレッジかソーホーあたりの渋いジャズクラブチックでいい感じ。

夜も更けてくるとM氏のライブの合間はセッションタイムとなり、プロのジャズミュージシャン以外にも、ジャズボーカルを勉強中の女性や、昔取った杵柄はそれなりだったかもしれないが酔っ払ってグデングデンでベロンベロンのサラリーマン、人生を見誤ってしまいジャズを勉強中のフリーターなどなど老若男女入り乱れ、無礼講、ファンキーさが加速するのだ。

マスターも気が向くと独学のジャズピアノの演奏を披露するが、これがまた枯れたいい味を出している。これを聴くとジャズ、いや音楽はテクニックだけではないとあらためて実感する。

なお、ここでA-TRAIN店名の由来である、「A列車で行こう」（Take the A train）を演奏する際は、マスターの許可を取らねばならない。

そんなこんなで僕のお気に入りのジャズバーであるエートレであるが、唯一の不満は店のマッチがオープン当初からないことだ。

▼二〇二一年五月　追記

　エートレは店主が変わり、生演奏に加え、ハンバーガーやイタリアンのメニューも充実したジャズバー&ダイナーに。学芸大学駅周辺にはエートレ以外にも珈琲貴族など、ジャズライブや生演奏を不定期で実施している店や、ジャズがかかっている豚骨醤油ラーメンの有名店・モンゴメリー、ロックバー・Kacky'sなども営業しており、音楽ファンには嬉しい街だ。

## 13　世界一ベースのうまいとんかつ屋／学芸大学駅　かつよし

　東急東横線の学芸大学駅から駅前商店街を目黒通り方面に歩くこと七、八分のところに、一九九五年からとんかつ屋・かつよしは店を構えている。店の扉を開け一歩足を踏み入れると、店主であるS氏のやたら威勢のいい「いらっしゃいませー」のかけ声が響き渡る。

　S氏は都内の高校卒業後、目黒の有名なとんかつ屋・とんきで一〇年間修行。そして奥さんとふたりで、地元である目黒区内に念願であった自分の店を開いたのだ。

　かつよしのとんかつは、カリッとしたクリスピーなコロモで豚肉の旨みをしっかりと閉じ込めているのが特徴。そのとんかつに辛子とかつよし特製ソースをかけて食べるのだが、厳選された肉の旨みと共にコロモからは小麦、いや大地の恵みを感じさせてくれるクセになる美味さだ。

　また、定食に付いてくるとん汁は味噌汁でありながら、素材を厳選し仕込みから丁寧に調理されているためか透明感さえ感じさせる。自分の前に置かれた瞬間に「このとん汁がうまくないわけがない」と確信できるはず。実際、口にしてみるとしつこくなく、上品な味わいでありながら、とん汁本来の豚肉のエキスが凝縮されており絶品なのだ。

通常のとんかつ屋のとんかつと、かつよしのとんかつは風合いが若干異なるため、好みが分かれる場合があるが、とん汁は有無を言わせない完成度を誇り、僕はこの店のとん汁よりおいしいとん汁を食べたことがない。

そしてS氏はジャズフリークで、店内ではBGMにいつもジャズを流している。ジャズをBGMに使用している飲食店は、それこそ都内だけでも何千軒もあるだろう。ジャズをBGMにすると高級感があると感じる日本人が多いのか、レストラン、バーはもちろんすし屋、ラーメン屋だってジャズをかけていたって珍しくない時代だ。

では何故、このとんかつ屋をあえて紹介するのか。

かつよしはフリージャズを大音量でかけていて「談話禁止！」ではないし、ものすごく高価なオーディオセットが設置されているわけでもない。

メニューがジャズのスタンダード曲にちなんでいるといった〝こじゃれた〟ことをしているわけでもない。

入り口、内装ともなんの変哲もないカウンター七席とテーブルが五卓ほどの普通のとんかつ屋だ。

実はS氏はジャズベーシストで、彼の奏でるベースの音色は太く、色気と安定感に満ちており、すでに何枚も自主制作ながらCDをリリースしているのだ。そのベース演奏の腕前は、音楽プロデューサーM氏をもってして、〝世界一ベースのうまいとんかつ屋〟としてお墨付きを得ている。ベースを演奏するとんかつ屋が世界中に何人いるかはさておき、S氏のベースは何故〝世界一〟とまで称賛されるほど素晴らしいのか。

その秘密は彼の手そのものにあるのだ。ウッドベースには四本の太い金属製の弦が張られているが、スケール（弦の長さ）が長いためテンション（張り）が普通のエレキベースより強い。その弦をしっかりと素手で押さえ、指で直接はじき演奏するわけで、その行為はゴリラならいざ知らず、人類の手にとってはあまりに負担が大きい。プロベーシストでさえ、ウッドベースをしばらく演奏していないと、すぐに指の皮がむけてしまうという苛酷な楽器だ。S氏はもちろんアマチュアで、店の定休日は週一日。ランチ営業もしており多忙なため、毎日長時間練習することは不可能。

にもかかわらず〝世界一〟の評価を受けたのは彼の音楽的センス、リズム感が優れていることはもちろんだが、それとは別にとんかつ屋における日々の生活・調理方法によるところが大きいのだ。

S氏は毎日、何十枚もの揚げたてのとんかつをまな板の上で、素手で押さえつけ包丁で一気に手頃な大きさに切り分ける。

かつよしのとんかつはクリスピーなコロモに仕上げるため、特に長時間、油の中で揚げられており、揚げたてはコロモの内側から高温の水蒸気が多量に吹き出すので、当然だが素人は一瞬たりとも触れることができない。素手で上から押さえつけるなどはもってのほかだ。しかし、その高温の水蒸気がベース演奏に適した強靭な手、分厚い指の皮を日々育てると共に、維持するのに役立っているのだ。

そして常人では不可能な、素手で揚げたてのとんかつを切り分けるという作業に彼は三〇年以上にわたり携わりつつ、ベースの演奏を続けたことにより、今や彼の手にはとんかつの神のみならず、ベースの神が宿るまでに昇華したわけだ。

その結果、ウッドベースの太くテンションが強い弦をしっかり押さえ、はじくのもなんのその。

また、彼の天下無敵の手はボサノバ演奏時においては、ジョアン・ジルベルトがガットギターで楕円のリズムを刻むがごとく、エレキベースを使用して生指によるアコースティックギターで言うところのストロークプレイ、カッティング、フィンガーピッキングスタイル演奏を軽々とこなすことさえ可能としたのだ。

その奏でられるベースギターサウンドは芯があるが柔らかな和音で、決して濁らずにやさしい空間を醸し出す。さらにボサノバの心地よいリズムと相まって、まるで高

かつよし／揚げたてのとんかつを素手で押さえ切り分ける様子

級ワインを口にふくんだ時、鼻からその香りがやさしく抜ける幸福感に似ているかもしれない。

僕はボサノバをこのようにベースで演奏する、というか演奏できるプレイヤーを海外アーティストも含めて彼以外には知らない。

同様の理由で手に神が宿った「世界一ベースのうまい天婦羅屋」や「焼き芋屋」がいればぜひ訪れて食べ、ジャムセッションをしたいものだ。


かつよしのマッチは白いボックスタイプで、シンプルに〝とんかつ専門店　かつよし〟と記載されているだけで、BGMがジャズであることや自分自身がジャズベーシストであることに関しては一切触れていない。

これはやはりあくまで自分はとんかつ屋であり、ジャズが好きだからBGMとして流しているにすぎないと割り切っていることによるのだろう。

つまりとんかつ屋としてのプライド、彼が調理するとんかつそのものに対する絶対の自信があえてそうさせたのかもしれないが、個人的にはジャズに関するちょっと遊び心があってもよかったのではと思う。ネットニュース等で話題になれば、来店客増も期待できるはず。

あともうひとつ、この店を紹介した理由がある。

かつよしのマッチ

実は店主のＳ氏と僕は中学の同級生で、卒業式の謝恩会でバンドを組み、レッド・ツェッペリンとディープ・パープルを絶叫したという仲なのだ。

かれこれ三五年も昔の話であるが……。

▼二〇二一年五月　追記

かつよしは雑誌等で何回も紹介されるなど、とんかつの名店として、二〇二一年現在も営業中。店主のＳ氏は週１の定休日に地元である目黒区中心にライブでベース演奏を披露しているようだ。

# 14　割烹料理屋でネイザン・イースト　ベースを弾く／銀座　いけ田

ネイザン・イースト。言わずと知れた、現代アメリカ音楽シーンを代表する名ベーシストだ。そのツボを押さえた安定感あるベースプレイは、ジャズ、フュージョン、ソウル、ポップス、ロックなど多岐にわたりジャンルを選ばない。

実際彼は自己のフュージョン・ミュージックのグループであるFour Play／ラリー・カールトン（EG）／現在はチャック・ローブ、ボブ・ジェームス（KB）、ハービー・メイスン（DS）での活動のほかに、マイケル・ジャクソン、マドンナ、フィル・コリンズ、ホイットニー・ヒューストンといった数多くの有名アーティストのレコーディング、コンサートツアーなどでプレイしており、まさに引く手あまたの超売れっ子ベーシストだ。日本人アーティストでは特に小田和正氏と親交が深く、たびたびレコーディングに参加しており、実際、僕はネイザンからの依頼で、渋谷の録音スタジオにフレットレス・ベースを届けに行ったことがある。ちなみに小田氏の大ヒット曲「ラブ・ストーリーは突然に」などで彼はベースを演奏しているのだ。

また二〇〇八年にはワシントンで行われたオバマ大統領の就任コンサートでも演奏し、その様子は全米に生中継された。そんなことから、ネイザンは今や単なるアーティストというより、USAでは名士と言えるかもしれない。

そんな彼は一九九〇年代後半から二〇〇〇年代前半にかけて、エリック・クラプトンバンドのメンバーとしても数回来日している。エリック・クラプトンバンドの日本ツアーは毎回約一ヶ月近くの長期にわたり、一万人以上収容の大会場で一五公演程度開催された。二〇〇一年のツアーでは東京エリアだけでも、日本武道館、横浜アリーナで一〇回コンサートが開催され、その間はホテル移動の必要がなく、オフ日も適度にあるので、ネイザンもそれなりに自由時間をエンジョイしリラックスしていた。

楽器メーカーのアーティスト担当者としてはツアー日程に余裕があると、オフ日等にネイザン本人と設計担当者を交えての新商品開発打合せや、プロトタイプのエバレーションセッションと言われる商品評価会、プロモーションのプラン策定、ポスターやカタログの写真撮影、契約に関する打合せ等が可能なので非常に助かるのだ。もちろん、招聘元の許可を取る必要あり。

その日本ツアーも半分程度経過した一一月下旬、僕は昼過ぎに新商品ベースのプロトタイプをコンサート会場である日本武道館に持ち込み、リハーサル時にネイザンに使用してもらい、実際のサウンドを会場内でチェック。そしてコンサート本番立会い後、夜九時過ぎ、エバレーションのお礼を述べに楽屋へネイザンを訪ねたところ「夕食がまだなので軽く日本食を食べたい」と言われた。

そこで夜一〇時前であったが、タクシーで東銀座にある割烹料理屋・いけ田へ向かったのだ。ちなみにネイザンは天ぷら、寿司といった定番日本料理はもちろん、モズクや白子、ホヤといった日本人でも好き嫌いの分かれるクセの強い食材まで好んで食べるという日本食通なのだ。

いけ田はテーブル席が一〇卓と奥に少人数用の座敷がある小ぢんまりとした店で、ランチタイムは竜田揚げ、油林鶏といった鶏料理が好評の行列ができる人気店だ。

また、銀座の割烹料理屋でありながら、夜もそこそこ遅くまで営業しており、値段も手頃なので、僕はときどき利用していた。

そして、実はここのご主人、池田光陽氏は超能力〝ハンドパワー〟で有名で、店内で配布されているハンドパワーの紹介パンフレットによると、

「何かを使うことなく、どこかに触れることなく、着衣の上からパワーを送ることにより、神秘のエネルギーが体内に融合し、細胞・組織・各機能を活性、血行促進と共に免疫力・治癒力の向上を促し、持病・諸症状の改善に効果が期待できます」

とのこと。

ご主人の超能力はかなり昔から週刊誌等でもたびたび紹介されたという。

ネイザンは手先が大変器用で、テーブルマジックの腕はプロ並み。そして超能力、超常現象などに対して非常に関心が強かった。遅い夕食を軽く済ませたあと、お茶を飲みながらネイザンに、店の主人がハンドパワーを持っている超能力者であることを話してみると、ネイザンは非常に関心を持ち、目を輝かせて、ぜひ話がしたいと言って身を乗り出してきた。そこで閉店後、ほかの客が店からいなくなるのを見計らって、主人を僕達の席に呼んだのだ。

現れた主人は年の頃六五歳くらいの見た目はいたって普通の小柄なおじいさんで、いわゆる日本料理屋の板前さん用の白い帽子をかぶり、割烹着をまとっていた。外見はあまりに普通で、とても超能力者、ハンドパワーを持っているようには見えない。

ハンドパワーについて尋ねると、主人は自らのハンドパワーの効果、威力、過去の実績等をひょうひょうと説明を始めたので、通訳してネイザンに話すと彼は改めて身を乗り出し、うなずきつつ目を輝かせ始めた。

説明が一段落すると、彼は最近、膝の調子がよくないのでハンドパワーの施術をお願いしたいと申し出ると、主人は閉店後にもかかわらず快諾してくれたのだ。

施術は別の特別な小部屋等に移動して行うのかと思ったら、その必要はなくその時僕らが食事をしたテーブルの脇で行うとのこと。お香を焚いたり、照明を落とし店内を暗くするわけでもない。暗示をかけるような何かしらの演出さえ必要としないということは、ある意味、自分のハンドパワーに対する絶対的な自信があるということなのだろう。

まず施術の前にネイザンはその場で屈伸運動をし、現在の膝の症状を自分自身で確認したあと、椅子に腰掛けた。

すると主人は白い割烹着を着たままネイザンの前にしゃがみ、じっと膝のあたりを鋭い視線で見つめたあと、黙っておもむろに手のひらを膝に向けてかざしつつ、微妙に動かす。

手のひらと膝は約一〇センチの距離があり、直接膝に触れてはいない。

いつも笑顔の絶えない陽気なネイザンも、この時ばかりは真剣な表情だ。

店内に緊張感が走る。

主人は表情ひとつ変えず、叫んだりうなったりもしない。

しばらくすると静かに「終わりました」との声。

たぶん手をかざしたのはほんの一分くらいであったろうが、僕にはずいぶん長い時間に感じられた。ひざの状態や、調子の悪い原因、治癒されたかどうかなどの説明も特にない。

そしてネイザンには、改めて施術前同様に屈伸運動をしてもらったところ、

「膝のあたりが温かく感じ、前よりもスムーズに屈伸ができたと思う。痛みが消え少し楽になったような気がする」

とのこと。

劇的に改善したわけではないようだが、どうやらたった一回、しかも一分程度の施術にもかかわらず効果はあったようだ。

一息ついて主人に、ネイザンが世界的に有名なベーシストであることを話すと、

「自分のハンドパワーは人体だけに有効なのではない。バイオリンやギターなどの楽器の音もよくなる」

と、ひと言もらした。

通訳したその瞬間、ネイザンの眼光が鋭く輝いたのを僕は見逃さなかった。

二、三日後、僕は武道館の楽屋へ契約打合せのアポ取りのため、再びネイザンを訪ねると、彼は満面の笑みを浮かべつつ僕に向かって歩み寄り、

「明日は一日オフなので、午後〝あの銀座の店〟へ自分のベースを持ち込んで、ハンドパワーを試してみたい」

と話しかけてきた。

僕は「やはりきたか」と思いつつ、個人的にもハンドパワーが本当に楽器にも効果

があるのかどうか関心があったので、その場でいけ田の主人に明日、都合がつくかを電話で問い合わせてみた。

するとランチタイム終了後の三時頃なら時間が取れるとのことなので、ネイザンには昼過ぎに宿泊先のホテルへ迎えに行くと約束し、その夜は食事にも行かず別れたのだ。

翌日、ネイザンと僕はホテルのロビーで新商品開発関連、及びその契約書の打合せをしたあと、彼がコンサートで実際に使用しているヤマハの白いエレキベースと、音出し用の小型ベースアンプをかついでいけ田へ向かった。

店の前に到着すると、主人自らが入り口で迎えてくれ、奥の八畳ほどの座敷に通された。まず卓袱台の上にベースアンプを置きコンセントにつなぐ。そしてエレキベースとアンプをケーブルでつなぎパワーオンして準備完了。実に簡単なセッティングだ。

ネイザンが座敷の手前のテーブルの脇に置かれた椅子に腰掛けたところでベースを手渡す。

平日の真っ昼間、日本料理屋の座敷の卓袱台に乗せられたベースアンプ。そしてベースギターを持った黒人ミュージシャン。通常ありえない組み合わせだ。

エレキベースへのハンドパワー施術の前に、まずはネイザン自身にフォービートやボサノバ、ファンクなどさまざまなスタイルを交え二分ほど演奏をしてもらう。世界のトップベーシストによるベースソロを至近距離で聴けるということは本当に素晴らしい体験なのだが、今回ばかりは僕は全身全霊でベースの音のみに集中し記憶した。

演奏が終了するとネイザンは、エレキベースをそっとテーブルの上に置く。

店内に満ちていた音の波動は消え、水を打ったような静寂、緊張感。

そして主人がテーブルの横でしばらくじっとエレキベースを見据えたあと、エレキベースの約一〇センチ上の空間で手のひらを下に向け、かざしつつ円を描くように動かす。今回も前回の膝への施術同様に時間はわずか一分程度であったと思う。

主人が黙ってネイザンにエレキベースを手渡す。

当然のことながら、外観上は全く変化がない。

ネイザンは自分でエレキベースをベースアンプにつなぎ、再度施術前と同様に二分ほどさまざまなスタイルでベース演奏をした。

もちろん、エレキベース、及びベースアンプのコントロールつまみには一切触れていない。施術前と全く同じセッティングだ。

そして実際にベースアンプから出てきたベースの音は……。

本当に微妙にだが、たしかに施術前とは異なっていた。

僕には本当にわずかながら、ハイが上がった感じがしたのだ。施術前と後ではたしかに音が異なっているのが僕にも確認できたが、どちらの音がいいかの判断はつかなかった。

ネイザンに効果について尋ねてみたところ、「若干、音のクリアさが増した感じがする」とのこと。

さらにエレキベースそのものの演奏性、弾きやすさが、どこがとは言えないが、わずかながらアップしたように感じたらしい。

演奏性のアップした結果が、ベースの音に影響した可能性もある。

一息ついたあと、ネイザンは主人と店のスタッフとの記念撮影をし、店が準備していた数枚の色紙と、Four PlayのCDにサインをして店をあとにしたのだ。

その後、ネイザンと会うたびにその日の〝ハンドパワー・セッション〟の話題が出る。最終的にベースがどのくらい音がよくなったのかは曖昧なままだが、ネイザンは世界中のステージで、この時施術されたベースをプレイし続け現在に至っている。

一方、いけ田の入り口レジ脇にはハンドパワー施術時の写真、ネイザンのサイン入り色紙が一緒に額に入れられて飾られている。

店の近所には電通をはじめ広告・マスコミ関係会社も多いことから、音楽好き、楽

いけ田に飾られているハンドパワー施術の様子と
ネイザンのサイン色紙

器マニアの来店も多く、この色紙が話題となることも多いらしい。

▼二〇二一年二月　追記

一九六六年にオープンのいけ田は、ビルの建替えに伴う工事のため二〇二〇年三月に閉店した。

## 15 〈文庫版書き下ろし〉アクシデントもライブの醍醐味／「NICE SHOT！ 渡辺貞夫リサイタル」

僕がこの本で提唱している一九八一年・日本ジャズ最盛期説の根拠・象徴となるコンサートをもうひとつ紹介したいと思う。

それは一九八一年の前年、一九八〇年七月二日、三日、四日の三日間、日本武道館で開催された「NICE SHOT！ 渡辺貞夫リサイタル」だ。このタイトルにピンとこなくても、当日のライブを録音したのが、アルバム「ハウズ・エヴリシング」だと言うと、ご存知の方も多いのではないか。

「NICE SHOT！ 渡辺貞夫リサイタル」は、初めてジャズの単独アーティストが三日間連続、武道館で開催したコンサート（観客動員合計約三万名）なのだが、とにかく型破り、日本のジャズ史に残るとんでもないイベントだったのだ。

出演メンバーは、渡辺貞夫氏（以下、ナベサダとさせていただく）をリーダーとし、リチャード・ティー（ピアノ）、デイブ・グルーシン（キーボード・オーケストラアレンジ）、エリック・ゲイル（ギター）、ジェフ・ミロノフ（ギター）、アンソニー・

ジャクソン（ベース）、スティーブ・ガッド（ドラムス）、ラルフ・マクドナルド（パーカッション）、ジョン・ファディス（トランペット）といったトップ・スタジオミュージシャンをニューヨークから招聘。さらになんと東京フィルハーモニーオーケストラのメンバー約一〇〇名も、ステージ上で演奏するのだ。

僕は当時、高校三年生だったが、このコンサートの初日である七月二日に武道館へ足を運んでいる。僕の席はステージを斜め後方から見下ろす二階の一番安い席だったのだが、開演前の会場に足を踏み入れると、ステージ後方にオーケストラ用の巨大なひな壇が設置されているのが見え、その規模に度肝を抜かれた記憶がある。とんでもなくお金がかかっていることは間違いない。当時、企業の芸術・文化貢献である「メセナ」が話題になっていたが、「協賛の資生堂ブラバスは、いくらサポートしたのだろうか」などといった下世話なことを僕は開演前に考えていた。ちなみにこの「メセナ」という言葉を聞かなくなってから久しい気がする。

コンサートは、ほぼ定刻どおり始まる。

オープニング曲は、ナベサダのオリジナル曲「UP・COUNTRY」。オーケストラによる大地の底から響いてくるような荘厳かつ重厚なイントロに、ナベサダのソプラリーノが澄んだ音色で絡んでいく。アフリカ・サバンナの夜明けをイメージさせる曲だ。漆黒の闇の中、東の地平線付近がうっすらと橙色に色づく。橙色の勢力は漆黒の支配を徐々に駆逐し、東の空から空全体へと広がっていく。ゆっくりと太陽の一部が現れる。鳥達は目を覚ますと一斉に羽ばたき、朝の訪れを告げる。やがてゾウやキリン、ライオンといった野生動物がおもむろに活動を始める。遥かなるアフリカの大地における朝の清々しい空気と、生命の躍動を感じさせる素晴らしいメロディとアレンジ。テーマのあとのリチャード・ティーによるリズミカルなピアノソロは、スティーブ・ガッドの軽快でツボを押さえたドラムと一体化し、そこから醸成される鼓動は、動物達の生きる喜びを表現しているかのようだ。僕はこの曲と、五曲目の「NICE SHOT」がこのコンサートにおける最大の聞きものだと思う。

ところで、今回、ニューヨークから招聘したバンドメンバーのうち、トランペットのジョン・ファディスのみ、ひな壇のオーケストラセクションに入り演奏しているのだが、その目的のひとつが七曲目に演奏された「NO PROBLEM」におけるエンディング・最後のワンフレーズのためだったのでは、と僕は思っている。曲の最後におそらく彼によって吹かれたハイ・トーンのフレーズの破壊力は凄まじく、大げさではなくコンサートから四〇年以上経過した今も僕の耳に残っている。もちろんCDでもそのサウンドは確認できるが、実際にナマで聴いた衝撃には遠く及ばない。彼はこのコンサートでソロを一回もとっておらず、縁の下の力持ちに徹していたが、ハイ・トーンのワンフレーズで、しっかり爪痕を残したのだ。

ところで、コンサートの中盤（だったと思う）で、ひとつアクシデントが発生した。オーケストラによるイントロが始まり、ナベサダがフルートでテーマを吹き始めたのだが、すぐに演奏を止めてしまったのだ。その後、会場内はモヤモヤした雰囲気となり、ふわっとオーケストラがフェイドアウトした。観客が少しざわつく。この時、ナベサダが演奏を止めたのは、楽器担当のスタッフがステージ上にフルートを事前準備した際、転びそうになり誤ってあるキーを曲げてしまい、最初のフレーズの次の音が出なかったためだそうだ。しかし、そこはさすが世界のナベサダ。観客に簡単に事情を説明するとアルトサックスに持ち替え、オーケストラに対し改めてイントロから演奏するよう指示したのだ。聴衆も状況を理解すると共に安堵し、会場内はトラブルの前よりも和やかな雰囲気となった。

「ハウズ・エヴリシング」のオリジナルのライナーノーツは、油井正一氏が執筆しているのだが、彼もこの七月二日のコンサートをナマで聴いていたそうだ。彼はライナーノーツの冒頭で、「初日だけあって、いろいろ不備もあり、満足とはゆかなかったが、これはレコードになったらすばらしいものが出来上がるぞというワクワクする予感があった」とコメントしている。ここでいう〝不備〟のうちのひとつが、この「アルトサックス急遽持ち替えアクシデント」だと思われる。ほかにも油井氏の指摘どおり、一〇〇名もの生楽器の演奏者がいたことから、PAハウリング問題が発生していた。あとほかにも僕が気付かなかった問題点もあったのだろう。

ただ、僕はこうしたアクシデントに遭遇することも、ライブにおける醍醐味のひとつだと思っている。まして前代未聞のオーケストラと共演というジャズ・コンサートの初日だ。この程度のアクシデントで済んだのならば、うまくいったのではないだろうか。

第8章では一九八一年の東京・新宿でのマイルス・デイビスのコンサートを紹介したが、PAが飛んだトラブル時のマイルスとドラムのアル・フォスターの対応、演奏をストップせざるを得なかったバンドメンバーの表情、そしてその時の会場内の空気を感じることも含めて、ライブを楽しむことが重要だと思う。

他にも僕は東南アジアの国でライブ中に停電となり、満員の聴衆と共に約一時間、空調が止まった蒸し暑い地下のライブハウス内で、電気の復旧を待ったことがある。その国では停電が珍しいことではないため皆慣れているのか、誰も文句を言わず、黙っておとなしく待っていた。文句を言ってもしょうがないから、その状況を受け入れるしかない。そんな聴衆のオトナな対応を見て、僕はえらく感心したのだ。電気が復旧すると、それだけで大喝采で、ライブは中断前以上に盛り上がったのだ。

渡辺貞夫・武道館コンサートのライブアルバム「ハウズ・エヴリシング」は、コンサートから確か半年後頃にリリースされた。僕にとって自分が実際に体験したコンサートが、初めてアルバムになるという記念すべきモノでもあるので、発売されると同時に購入した。

ただ、アルバムに記載されている録音日のクレジットをチェックしたら、自分が体験した七月二日の演奏は収録されておらず、七月三日と四日の演奏が収録されていると判明し、ちょっとがっかりした記憶がある。

ちなみにジャケットに使用されているナベサダがサックスを吹いている、顔面どアップの写真は、ファッション誌等で活躍している繰上和美氏が撮影。繰上氏によるジャケット写真撮影は、きっと美・肌にこだわる協賛の資生堂からのリクエストなのだろう。改めてジャケットを注視すると、確かにほかのジャズアルバムのアーティスト写真とは、写真を通して感じられる空気、肌の質感が明らかに異なり、ファッション誌から抜け出してきたようだ。

なお、アルバムの演奏内容が素晴らしかったのは言うまでもない。

NICE SHOT!
渡辺貞夫リサイタル
日本武道館●7月2日㊌7:00P.M.開演6:00P.M.開場

★お知らせ
●当日のコンサートは特別プログラムのため一部構成、休憩なしで演奏されます。
●当日のコンサートを記念して豪華特別プログラムを一部1000円にて発売いたします。
部数に制限がございますので、お早めにお買い求め下さい。

●渡辺貞夫ライブ・アット武道館(仮題)(フライングディスクVIJ-9003〜4　7月31日発売予定)ビクター音楽産業
●渡辺貞夫グレイテスト・ヒット(仮題)(フライングディスクVIJ-6021　5月21日発売)ビクター音楽産業

●主催：あいミュージック●協賛：資生堂●後援：FM東京
●協力：スイングジャーナル社、ビクター音楽産業
●制作：あいミュージック●お問合わせ：あいミュージック03-408-4211

南スタンド　2階　W　列　60番

「ハウズ・エヴリシング」のジャケット写真、
コンサートチケット

# あとがき

自分はまだまだ若いと思っていたら、いつの間にか人生の折り返し点をとうに過ぎ、加齢臭を撒き散らす胡散臭いオヤジとなってしまった。

そこで自分の人生を振り返るという意味も含めて、ここ二、三年、週末や夏休み、出張先の宿泊ホテルなどで暇を見つけては、自分の青春時代から三〇年以上にわたりかかわってきたジャズに関する思い出、体験をなんとなく書き綴ってみた。

別に本にしようなどというつもりもなく……。

まあ、よくある中年オヤジの独り言だ。

その〝独り言〟は、一九八〇年前後のジャズに関する自身の体験が中心であったが、書き進めていくにつれ、

「一九八一年が日本におけるジャズブームのピークであったのではないか」

という重大な発見をしてしまった。

それが、本文中にも記述した「一九八一年日本ジャズ最盛期説」だ。

さらに一九八一年は単にジャズブームのピークということのみならず、レコードからCDへの移行がちょうど始まったこともひとつのきっかけとして、人々のジャズに対するスタンスが〝聴く〟から〝聞く〟に変わっていく、まさにその瞬間であったことにも気付いたのだ。

ところが、このように日本のジャズ史において重要なはずの一九八一年前後（一九八〇年前後と書かず、あえて一九八一年前後と記する）の状況に関して、個別のコンサートやイベントのレポートはあっても、時代背景を絡め、考察し、まとめた本やブログを僕は見たことがない（もしもあったらごめんなさい）。

マイク・モラスキー氏の著書『戦後日本のジャズ文化』、及び『ジャズ喫茶論』においても、一九八〇年以降の記述はそれ以前に比べ極端に少なく、またジャズ喫茶にフォーカスした内容のため、ジャズフェスやコンサート、ライブハウスなどまで含めたトータルジャズの状況に関しては解説・分析はされていない。彼の著作を読むと一九八〇年代に入ると同時にいきなり、日本のジャズはジャズ喫茶同様に廃れたと誤解されてしまう恐れがある。

つまり一九八一年前後のジャズの状況に関しては、ほとんど語られていない、というか無視されているのだ。

日本のジャズブーム・ジャズ史関連の紹介・考察というと、僕はざっくりと以下の三つの時代で区切られることが多いと思う。なお、ジャズの定義の仕方などによりさまざまな区切りがあるので、あくまでも代表的な一例ということでご理解いただきたい。

・一九五〇年代前半におけるスイングジャズブーム
↓第二次世界大戦が終了してから数年が経過し、やっと世の中が安定した一九五〇年代前半、アメリカから大衆音楽文化としてのジャズ（洋楽）が日本に上陸しブームを起こした。スイングジャズは基本的に陽気なダンスミュージックで、アメリカにおける自由、平等の象徴としても捉えられた。

・一九六〇年代初頭のハードバップブーム
↓一九六一年のアート・ブレイキー＆ジャズメッセンジャーズ日本ツアーを契機にハードバップブームが起こり、その後多くの有名ジャズマンが来日。ジャズが黒人による聴くための音楽であると認識される。また、風俗面で日本国内におけるジャズと麻薬のかかわりが問題視された。

アート・ブレイキーの〝モーニン〟が大ヒットし、蕎麦屋の出前持ちも口ずさんでいたというエピソードはあまりに有名。これは、日本蕎麦とアメリカのジャズとのイメージがかけ離れていることから語り継がれているものと思われる。もちろん差別しているわけではない。

・一九六〇年代中頃から一九七〇年代初頭のジャズ、ジャズ喫茶ブーム

↓多くの文化人がジャズ喫茶に通い、若者文化の創造に大きく貢献したとされる。

また、学園紛争時には大学生がヘルメットをかぶったままジャズ喫茶に来たとか、学生証をジャズ喫茶に預けてデモに参加したなどのエピソードもあり。

いずれのジャズブームも、ジャズを通して時代背景が見えるのが特徴。

すなわち、これら一九七〇年代以前のジャズブームに関してマスコミはジャズを音楽の流行として捉えるのと同時に、文化・世相・風俗を含む新しい時代の流れの一部として報道してきたと言える。

もちろん僕はジャズと時代のかかわりをマスコミが報道したことに関して否定しているわけではないし、それはそれで重要な事実であると思う。

一方、一九八一年前後のジャズブームは、ジャズマンのタレント化、マスコミにおける露出増、海外アーティストのコンサートラッシュ、ジャズフェス等の屋外イベントの興隆により、当時はそれなりに報道されたが、時代に対してはもちろん、新しい若者文化の創造や、奇抜なファッション提示など風俗に対してあまり影響を与えるこ

とはなかった。

　音楽的な観点からしてもフュージョン・ミュージックの台頭が一段落し、メインストリームジャズへの回帰が叫ばれるなど、ジャズは先進的な音楽というより、安定、むしろ停滞期に入りつつあったことも事実だろう。

　こうして音楽的には大きな変化がなく、文化、風俗面でも特に影響を及ぼしていないため、一九八一年前後のジャズブームはほとんど忘れ去られてしまったようだ。

　ほぼ同時期に流行したテクノポップにおいて、ＹＭＯ（イエロー・マジック・オーケストラ）が、コンピュータ・ミュージックと共にテクノカットで時代の〝先駆者〟とされ、三〇年経った現在でもたびたび話題となるのとは対照的だ。

　ちなみに『戦後日本のジャズ文化』の中で、マイク・モラスキー氏は一九八〇年代のジャズに対し次のように述べている。

「一九八〇年に入ると、もはやジャズは同時代の音楽として認識されなくなり、ジャズを消費することは極めて容易になった反面、ジャズは文化的創造力の源泉という役割をほとんどなくし、抵抗や破壊などの美学も日本のジャズ言説のなかの死語と化していった」

「抵抗や破壊などの美学もジャズ言説のなかの死語と化してしまう」だなんて、外国人なのによくもまあこんな難しい日本語を書くと感心してしまうのだが、この一文で一九八〇年以降のジャズを総括してしまうことには大いに疑問を感じる。ただし、書かれている内容そのものに関しては至極ごもっともだ。

しかし、だからといって無視していいものではない。

たとえ文化創造的な面が乏しくとも、一九八一年前後は日本のジャズ史において、おそらくもっとも多くの人々がジャズに親しみ、楽しみ、盛り上がった時代であり、少なくとも戦後におけるジャズブームのひとつとして語り継がれる必要があるはずだ。

そんなことをぼんやり考えているうちに、もしこのまま誰も語り継がないとすると、「最後の砦で語り継ぐのは、ひょっとしたら自分しかいないのでは」と勝手に思い込み始め、ついには義務感まで感じてしまい、この『東京ジャズメモリー』を刊行することを決心したのだ。

もちろん、そんなに偉そうなことを言えるほどのたいそうな内容の本ではないことは重々承知のうえ。気楽な読み物だ。まあ、昔から僕は思い込み、妄想が激しいほうなものでお許しいただきたい。

この『東京ジャズメモリー』の内容をまとめていくのにあたり、巷によくあるジャズ・スポット紹介本やイベント記録本のように、店のオーナーや関係者を取材して思い出話を聞き出しまとめるのではなく、あくまで自分自身が私的にジャズとかかわったジャズ喫茶、ジャズクラブ、その他飲食店、コンサート会場などの〝場所〟を中心に当時の体験を思い出しつつ、さらに街や世相の変遷、人々のジャズに対するスタンスなども考察するというのをコンセプトとした。

つまり、僕自身が実体験した生々しい現場の話が中心だ。

きっと、本書を読まれた方の中には、

「●●（ジャズ喫茶やジャズクラブの有名店）なしには、日本のジャズは語れないはず」

「ジャズそのものに対する記述が少ない」

「▲▲が紹介されて■■の記述がないのはおかしい」

「新宿、吉祥寺のジャズ喫茶を無視するのは許せないし、ありえない」

「一九六〇年代、一九七〇年代のジャズ喫茶全盛期を知らずにジャズについて語るな！」

さらには、

「文章が軽い！　筆者は中身のない人間に違いない！」

「紹介しているのが、東急東横線沿線の店に偏っている」

「ジャズ本のはずなのにジャズ店でないのが含まれている」

「とんかつを食べに行きたくなった」

などなどと、お感じになった方もいらっしゃるだろう。

全て、ごもっともだ。

いろいろご意見、ご不満、文句もあろうが、この本はあくまでも個人的な経験をベースに記述しているため、かなり内容が偏っていることをご理解いただきたい。

もちろん、僕も新宿や吉祥寺のジャズ喫茶には何回も訪問したことはあるのだが、これといった個人的なエピソードがなかったため、取り上げなかったのにすぎない。

それらを承知のうえで、今回記述したジャズの〝断片〟〝かけら〟から、一九八一年前後のジャズに思いを馳せていただければ幸い。

一部マニアックな記述部分もあるものの、ジャズ喫茶・ジャズクラブのマッチや、当時の店内写真なども掲載することにより視覚的にも楽しめ、懐かしめ、ジャズにあまり詳しくない方、関心の薄い方、さらにはこの時代に生まれていない方にも〝ある程度〟理解可能な内容にしたつもりだ。

なお本書には一九八一年前後と関係のない一九九〇年以降の話も三編ほど含まれているが、そちらに関しても「あとがきで述べているこの本の主旨と異なる！」などと目くじらを立てずに温かい目で接していただけると、筆者としては嬉しい限り。

あと、この本を読んだことがきっかけで、どなたかが一九八一年前後のジャズの重要性に関する本格的な論文や本でも書いてくだされば、それこそ『東京ジャズメモリー』を刊行した意味があったと言えるのではないかと期待している。

ところで、この本を刊行するにあたり、自分の肩書を何にするかを考えてみた。別になくてもなんの問題もないのだが……。

僕の職業は某楽器メーカー勤務のしがないサラリーマンだ。それをそのまま使う手もなくはないが、せっかくの機会なのでハッタリと言われようが、普段のサラリーマンである自分とは異なる人間であることをこそっと主張するという意味を込めて、別の肩書を持ってみることにした。まあ要するに、いい年こいて〝言ったモン勝ち〟のワケのわからん肩書をつけて遊んでみようというだけのことだ。

とは言うものの資格があるわけではないし、専門性が高いわけでもない。もちろん肩書から推測される内容にうそがあってはいけないし、他人に迷惑をかけてもいけない。そこらへんの感覚は一応社会人経験が長いオトナなのだ。

そして熟考の結果、〝ジャズ・スポット・ウオッチャー・ソサエティ代表〟と名乗ることにした。略して〝JSWS代表〟。

本当は〝JSW〟にしたかったのであるが、調べてみると〝JSW〟は〝ジャパン・スティール・ワークス〟、日本製綱所の略であることが判明した。

日本製綱所の代表、つまり社長とかぶってしまってはさすがによろしくない。そこで〝ＪＳＷ〟にソサエティの〝Ｓ〟を加え、〝ＪＳＷＳ〟とした次第だ。これなら文句を言われないだろう。現在会員は自分ひとりしかいないが、代表であることには違いがない。なお、会員は今後募集予定。特に会員資格、会費等の細かい規定はない。万が一、応募が来てから細かいことを決めればいいと思っている。

まあいずれにせよ、この〝ＪＳＷＳ〟の目的はあくまでジャズ・スポットを〝ウオッチ〟することなので気楽なもんだ。難しい文章を書かなければいけないジャズ評論家でも、常に最新の音響機材に詳しくなければならないオーディオ評論家でもないので、プレッシャーがなくて済む。

また、対象が〝ジャズ・スポット〟なのでジャズ喫茶、ジャズバーのみならず、ライブクラブやコンサート会場、さらにはレコード店などジャズにかかわる場所であれば、どこに出没しても怒られないはず。

なお、あくまでも客として行くのが基本なので、ウオッチ後は飲んで食べてといった具合だ。早速名刺を作成せねば……。

といった冗談はさておき、今回本を刊行するにあたり内容にウソ・偽りがあってはならないので、なるべく過去のジャズ専門誌、コンサートプログラム、ネット等を調べて確認はしたものの、なにせ三〇年以上前の記憶に頼る部分も多く、誤った事実を述べてしまった部分も多々あるのではと危惧している。

もし誤った記述を発見した際は、是非その箇所をメール等にてご指摘いただければと思う。万が一、重版出来なんという奇跡が起きた際には確認のうえ、訂正させていただきたい。

本書を読んだのがきっかけで一九八一年前後のジャズに関する知識を深めていただくと共に、少しでも多くの方がジャズをより身近に感じ、再び、あるいは初めてジャズ・スポットへ足を踏み入れ、体験いただければ、ＪＳＷＳ代表としてこれ以上喜ばしいことはありません。

最後に、超多忙にもかかわらず素晴らしい解説文を書いてくださったドラマーの神保彰氏、そして夜遅くまで原稿の細かいチェックをいただいた文芸社の方々には大変お世話になりました。

この場を借りてお礼を申し上げます。

あ、そうそう、女性でジャズ・スポット未体験の方、最近のジャズ・スポットは明るいトコロが多いので怖くないですよ！

二〇二二年一一月一日

ジャズ・スポット・ウオッチャー・ソサエティ（ＪＳＷＳ）代表

シュート・アロー

Shoot Arrow

# あとがきのあとに……。

僕が『東京ジャズメモリー』を執筆していたのは二〇一二年だから、今（二〇二一年）から九年も昔のことだ。さらに、僕が勝手に日本ジャズの最盛期であると力説した一九八一年からは、なんと四〇年が経過しようとしている。つくづく月日が経つのが早いと感じざるを得ない。

この本のあとがきでは、自分のことを「〜加齢臭を撒き散らす胡散臭いオヤジとなってしまった」と記したが、今現在は、本人はまだまだ若いつもりでも、傍から見ればオヤジをとっくに通り越して、「棺桶に片足突っ込んだ、こうるさい初老のジジイ」なのだろう。

たしかに五年ほど前に大病をし、一回は棺桶に片足を突っ込んだが、その後、無事回復しサラリーマン生活をしつつ、ライフワークでもあるジャズ喫茶巡りをし、趣味のジャズピアノの演奏、さらにジャズ雑誌で連載記事の執筆などしているのだから、幸せなジジイだ。

そして先日、日本ジャズの最盛期から四〇周年を記念して、というわけではないが、文芸社さんから『東京ジャズメモリー』の文庫化のお話をいただいたのだ。従来の『東京ジャズメモリー』も文庫ではないかと思いきや、あれは文庫サイズの単行本だそうだ。今回、文芸社文庫のラインアップに正式に加えていただけるとのこと。

刊行されてから八年以上が経過し、とっくに絶版となっていてもおかしくないのに、改めて文庫化いただけるとは本当に嬉しいお話だ。

そこでせっかくの機会につき、文章の細部を見直すと共に、各章に短いコメントと最新の写真を添え、さらに、【アクシデントもライブの醍醐味／「NICE SHOT！　渡辺貞夫リサイタル」】という新たな章を追加させていただいた。

しかし、学者でもジャズ評論家でもないサラリーマンの僕が執筆したこの本は、専門書とか研究書と言えるような代物ではないし、かといって恋愛書や、お金にまつわる本のように誰にでも関係するような一般性もない。ジャズに関心がなく、さらに東京に住んだことがない方にとっては、ちんぷんかんぷんもいいとこだろう。そんなニッチな本を文庫化して販売いただける文芸社さんには感謝しかない。また、手に取り、購入し、読んでいただいている方、「そう、今、まさにこの本を手に取っているあなた！」は、僕からすれば神様であり、楽しく最後まで読んでいただいたとすれば、著者としてはこのうえない幸せだ。

　最後に、この九年間、さまざまな理由で閉めてしまったジャズ喫茶がある一方、多くの新しい、そして個性的なジャズ喫茶が日本各地でオープンしている。また、初代オーナーが引退されても、親族や別の方が継いで、守っているお店も多い。皆様方におきましては、たまにはチェーン店のコーヒーショップではなく、新旧を問わずジャズ喫茶やジャズカフェ、ジャズをしっかり流している喫茶店を訪れてみたらいかがでしょう。そこには、あなたの人生を豊かにする何か新しい発見があるかもしれません。

二〇二一年五月

ジャズ・スポット・ウオッチャー
シュート・アロー

# 解説

神保　彰

シュート・アローさんの『東京ジャズメモリー』を読んで、当時を懐かしく思い出しました。学生だった頃の僕にとって、ジャズ喫茶こそが情報源でした。限られた小遣いで新譜を何枚も買う訳にはいかず、ジャズ喫茶の新譜リストを見て片っ端からリクエストし、気に入った究極の一枚を買う。どれを買うかは、いつも悩みでもあり、楽しみでもありました。店によってかける音楽の指向が異なるので、どの店でどのアルバムをリクエストするかということも重要なポイントでした。

学生時代に乗換駅だった渋谷界隈には、何軒ものジャズ喫茶がありました。南口の線路際の「メアリージェーン」はフリージャズ専門。コーヒーが美味しかったので結構通いましたが、結局フリージャズはよく解らず終いでした。

僕のお気に入りは、道玄坂から東急本店通りに抜ける細い路地にあった「ジニアス」。六〇年代の、ちょっと尖ったジャズをかけるお店でした。階段を降りて行くと、地下特有の黴臭さとコーヒーの香りがいり混ざり、一種独特の親密な空間を作り出していました。

この路地にはもう一軒「デュエット」という店もありました。三階建てで、かかっているレコードのジャケットが、手動でするすると上がって来るのが売り？　でした。道玄坂をもう少し上がった百軒店にも「音楽館」「スウィング」「ミンガス」「ブレイキー」といった店が軒を連ね、その日の気分で、さて今日はどこへ行こうかなと考えるのが、ささやかな楽しみだったのです。

いつしかＣＤの時代になり、時を同じくしてジャズ喫茶は一軒、また一軒と、その灯を消していきました。時代は移ろい、価値観も変わりました。でも目を閉じればいつでも、あの階段を降りて行くことができるのです。

『東京ジャズメモリー』、当時を知る人も知らない人も楽しめる素敵な一冊です。

二〇一二年七月

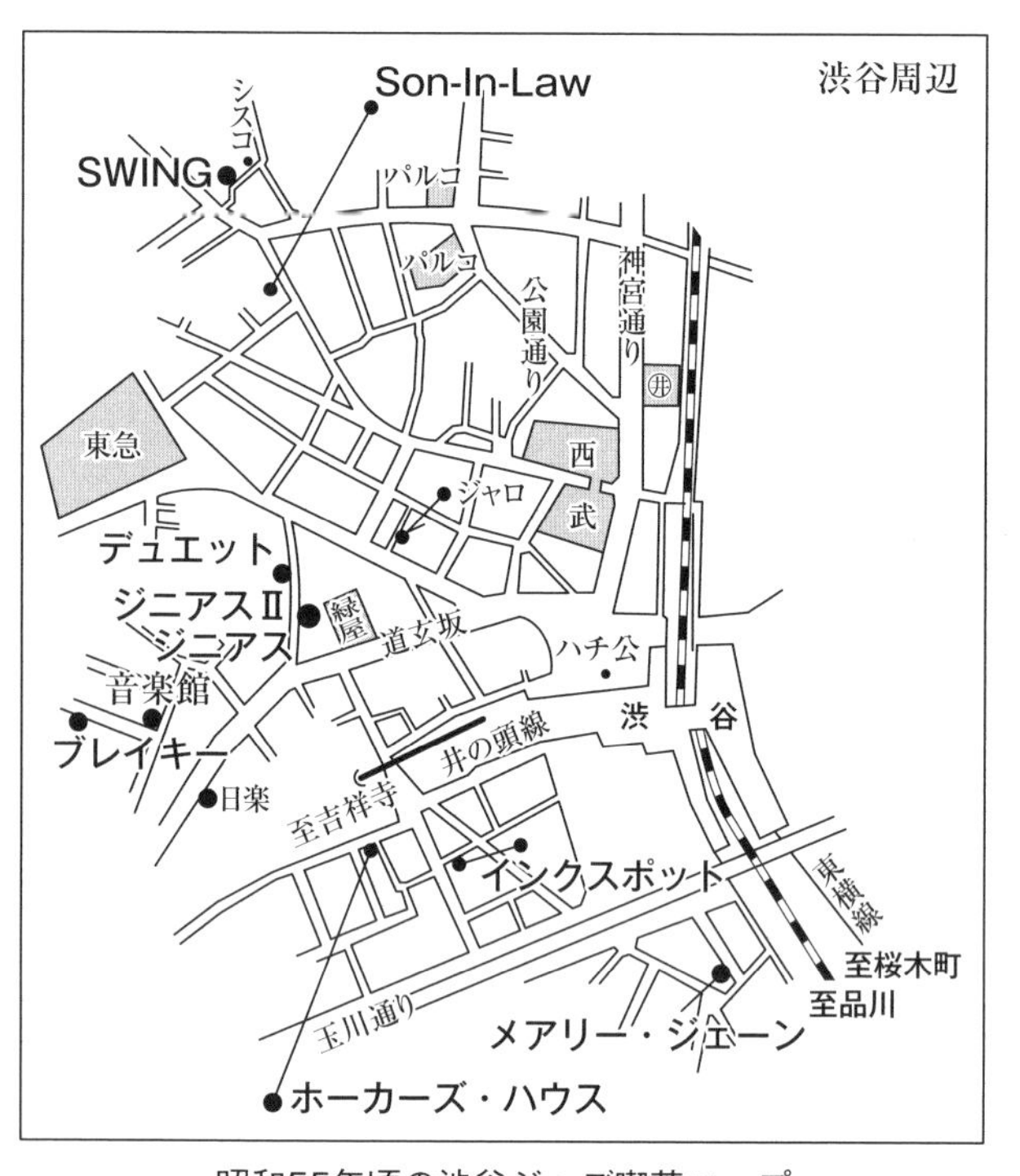


昭和55年頃の渋谷ジャズ喫茶マップ
（ジャズ批評別冊　「ジャズ日本列島55年版」より）

ジニアス店内写真／ジャズ批評別冊　「ジャズ日本列島55年版」より

本書は、二〇一二年一二月、弊社より刊行された単行本に
加筆・修正し、文庫化したものです。

clay artist profile

## jazzとねんど

会社員しながら趣味でねんどこねてます。
おしゃれでかっこいいジャズマンたちの魅力を、少しでも伝えられたら嬉しいです。
(元学生ビッグバンド所属&ズートシムズファンクラブ会員)

**カバー使用作品**

セロニアス・モンク「monk's music」より、セロニアス・モンク

**Twitter**

@jazz94417589

文芸社文庫


# 東京ジャズメモリー

二〇二一年八月十五日　初版第一刷発行
二〇二一年十一月十五日　初版第二刷発行

著　者　シュート・アロー
発行者　瓜谷綱延
発行所　株式会社　文芸社
〒一六〇－〇〇二二
東京都新宿区新宿一－一〇－一
電話　〇三－五三六九－三〇六〇（代表）
〇三－五三六九－二二九九（販売）
印刷所　図書印刷株式会社
装幀者　三村淳





ISBN978-4-286-22679-8